成績が一気に上がる!

小学生のための国語

「印つけ」トレーニング

スタディサプリ
今中陽子 著

かんき出版

「印つけ」で国語の読み方が変わる！

「線を引きながら読みなさい」って言われても……

国語を勉強するとき、「**大事なところに線を引きながら文章を読みなさい**」と言われたことはありませんか？

私も、このような声かけをいつもします。

そう言うと、筆記具をさっと手に持ち、書きこんでいこうと構えてくれるのですが、いざ読み始めると、印をつけるのをころっと忘れていたり、印をつける場所が見つからないまま読み終わってしまったり、結局、何も書きこまない子が多いこと、多いこと……。

「線を引く」「印をつける」とはどういうものなのでしょう。印をつけるべきところとは、いったいどんなところなのでしょう。

それがわからない、だから印をつけたことがない、つけたくてもできないという人がたくさんいると思います。

「印つけ」をするのに身構えたり、難しく考えたりする必要はありません！

「印つけ」を簡単にできるルールがあります！

そのルールを身につければ、今まで苦手だった国語の文章の読み取りがとってもスムーズにできるようになります。

- ルールがわかれば、「印つけ」は簡単！

「印つけ」をするのは何のため？

それは、**重要なポイントをおさえながら読むことで、内容を正確に記憶することができる**からです。

ただなんとなく読むと、読み終わったときに、自分の中でおもしろかったり強く印象に残ったりした部分、つまり、主観的なものだけが記憶に残ってしまいます。

しかし、国語の読み取りでは、自分の視点や考え方からはなれて客観的に読みながら、大切なところとそうではないところを見分け、全体の構成をつかむことが大事なのです。

そこで、「印つけ」によって**飛ばし読みや読み間違いを防ぎ、文章の中で本当に大切なところを確実につかむことができる**ようになります。

また、テストなどの時間制限がある中で読む場合は、問題を解く時間も必要となるので、文章を何度も読み返す余裕はありません。はじめに読んだときに「印つけ」をしておくと、ポイントとなる部分が探しやすくなります。

しかも、「印つけ」に慣れてくると、〝ここはどうやら問題で聞かれそうだ〟というようなところに先に気がつくことができるようになります。ときには、印をつけたところが、そのまま解答になる場合もあるのです。

このように、「印つけ」は、**文章を正しく読むのにも読解問題で高得点を取るのにも有効な方法**だと言えます。

- 読み飛ばしや読み間違いを防げる！
- 本当に大切なところがわかるようになる！
- 文章を読むのにも高得点を取るのにも効果的！

国語の「印つけ」はたったの4種類!

さっそく「印つけ」のお話をしていこうと思いますが、「印つけ」のルールがたくさんありすぎると、そのルールを覚えること自体が大変になってしまうので、ルールはできるだけ少なくします。

本書で学習する「印つけ」は、たったの4種類です!

その1 強調する

特に大事なところは目立たせましょう!

- ◯や□でかこむ
- ——を引く

例
「気持ち」に——を引く
「キーワード」をかこむ
「接続語」をかこむ
「筆者の意見」に——を引く

その2 つなげる

大事なところはつなげてすぐに見られるようにしましょう!

- ↓でつなげる
- ↑↓で示す

例
「できごと」と「気持ち」を↓でつなげる
「反対の内容」を↑↓で示す

その3 分ける

内容の切れ目に区切りを入れましょう!

- ∨を入れる

例
「時間が変わったところ」に∨を入れる
「話題が変わったところ」に∨を入れる

その4 まとめる

同じ内容はひとつにまとめましょう!

- （　）でかこむ
- 大きな□でかこむ

例
「具体例」をかこむ
「体験談」の部分をかこむ

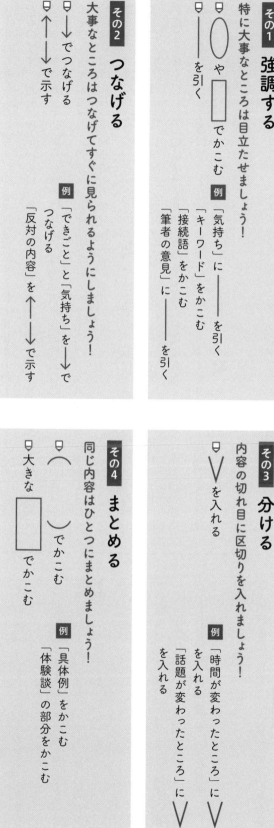

「印つけ」をするとこんなにハッキリわかる！

「印つけ」をしていない文章と「印つけ」をした文章でくらべてみましょう！

「印つけ」をしていない文章

地球の中心から赤道までの距離《きょり》は、地球の中心から北極や南極までの距離よりも二〇キロメートルほど長かったのです。つまり地球は球を北極と南極から押《お》して少しつぶれた形をしているのです。おおげさにいえば、地球の形はカボチャの形なのです。地球の半径は赤道で約六三七八キロありますから、出っぱりぶんは地球の半径の約三〇〇分の一になります。

なぜまん丸ではなくて、カボチャの形をしているのでしょう。それは地球が自転しているために地球にはたらいている遠心力のせいなのです。

ところで、遠心力はどのくらい大きいか知っていますか。石にヒモをつけてぐるぐる回したときに、石を速く回せば回すほど遠心力が強くなるのがわかるでしょう。地球は一日一回しか回りませんが、こんなにゆっくり回っていても遠心力ははたらくのです。遠心力の強さはヒモの長さが長くなるほど、また回転が速くなるほど、大きくなります。地球のように巨大な球ではヒモがひじょうに長いのと同じなので、回りかたが遅《おそ》くてもけっこうな力がかかるのです。

地球の赤道の長さは約四万キロあります。この四万キロを一日のうちに動いてしまうわけですから、地球が赤道のところで動く速さは時速一七〇〇キロ、ジェット旅客機の二倍もの速さになります。この速さは、赤道から離《はな》れて北極や南極に近づくにつれて遅くなって、北極や南極ではゼロになります。つまり地球の遠心力は赤道でいちばん強く、赤道から離れるにつれて弱くなっていきます。

こういう遠心力のせいで、地球の赤道付近が飛び出してしまったのです。もし地球がずっと硬いものでできていたら、こんなことはありません。地球が丸くないのは地球が軟《やわ》らかいせいなのです。

（島村英紀「地球がわかる50話」より）

左のページの「印つけ」をした後の文章はポイントがわかりやすいですね。では、どのように「印つけ」をしたのかを見ていきましょう。

この文章の話題は「地球の形」です。なぜ地球は丸くないのでしょうか。その問いかけを中心に、話が展開《てんかい》しています。

①問いかけ「なぜまん丸ではなくて、カボチャの形をしているのでしょう」に対する答えは「遠心力のせい」。

——線をつけ強調し、つなげる。

②「地球の形」はどういう形なのか。それを言いかえた言葉を□で囲み、まとめる。

球を北極と南極から押《お》して少しつぶれた形

＝

カボチャの形

＝

地球の赤道付近が飛び出してしまった

＝

地球が丸くない

「印つけ」をした文章

地球の中心から赤道までの距離《きょり》は、地球の中心から北極や南極までの距離よりも二〇キロメートルほど長かったのです。つまり地球は球を北極と南極から押《お》して少しつぶれた形をしているのです。おおげさにいえば、地球の形はカボチャの形なのです。地球の半径は赤道で約六三七八キロありますから、出っぱりぶんは地球の半径の約三〇〇分の一になります。

なぜまん丸ではなくて、カボチャの形をしているのでしょう。それは地球が自転しているために地球にはたらいている遠心力のせいなのです。

ところで、遠心力はどのくらい大きいか知っていますか。〈石にヒモをつけてぐるぐる回したときに、石を速く回せば回すほど遠心力が強くなるのがわかるでしょう。〉地球は一日一回しか回りませんが、こんなにゆっくり回っていても遠心力ははたらくのです。遠心力の強さはヒモの長さが長くなるほど、また回転が速くなるほど、大きくなります。地球のように巨大な球では〈ヒモがひじょうに長いのと同じなので〉回りかたが遅《おそ》くてもけっこうな力がかかるのです。

地球の赤道の長さは約四万キロあります。この四万キロを一日のうちに動いてしまうわけですから、地球が赤道のところで動く速さは時速一七〇〇キロ、〈ジェット旅客機の二倍もの速さになります。〉この速さは、赤道から離《はな》れて北極や南極に近づくにつれて遅くなって、北極や南極ではゼロになります。つまり地球の遠心力は赤道でいちばん強く、赤道から離れるにつれて弱くなっていきます。

こういう遠心力のせいで、地球の赤道付近が飛び出してしまったのです。もし地球がずっと硬いものでできていたら、こんなことはありません。地球が丸くないのは地球が軟《やわ》らかいせいなのです。

（島村英紀「地球がわかる50話」より）

---

③接続語「ところで」に◯をつけて強調する。ここから話題が変化するので、＞をつけて分ける。

④地球の遠心力を説明するための比喩（たとえ）を、事実と区別するために〈　〉に入れて分ける。

⑤「遠心力のせい」は、2回出てきているので→でつなげる。

⑥「つまり地球の遠心力は……」以降で述べられているまとめ部分を、→でつなげる。

このように、順を追って印をつけながら読むと、

「地球の形は、赤道付近の遠心力がいちばん強いため、まん丸ではなくカボチャの形になった」

ということが読み取れます。

「印つけ」で答えの形が見えてくる

実は「印つけ」が力を発揮するのは、文章を読むときだけではないのです。

たとえば、次のように聞かれたとき、答え方がちがうのはわかりますか。気をつけるところに「印つけ」をします。

・本文中から五字でぬき出しなさい。
→五字ちょうどで、本文をそのまま書き写す
・本文中から五字以内でぬき出しなさい。
→五字よりも少ない字数でもよく、本文をそのまま書き写す
・本文中の言葉を使って五字以上十字以内でまとめて答えなさい。
→五～十字の間の字数で、表現を変えて書いてもよい

そして次は、答えるときの文末表現に注意が必要な例です。

・どんな人ですか。 →「……人。」で終わる
・どんな気持ちですか。 →「……気持ち。」で終わる
・なぜですか。 →「……から。」「……ため。」で終わる

「印つけ」をすることで、答える形が見えてきますね。このように、「印つけ」をすることで、問題で問われていることの確認ができます。「印つけ」は、問題を解くときにも大事だということがわかりましたね。

「印つけ」の完成形は自分で作る！

ここまで、さまざまな例を挙げて「印つけ」について説明してきました。

「印つけ」とはどのようなものかを少しわかってもらえたかと思いますが、「やっぱりなんとなく難しそう……」と感じているかもしれません。

でも、だいじょうぶ。ちょっと便利そうだな、やってみようかなと思ってくれたら、それでオッケーです！「印つけ」のルールやそのやり方は、これから学んでいくのですから！

まずルールを知り、実際にステップ問題を解いて、「印つけ」を身につけていきましょう。

「ルール」と言いましたが、実は**「印つけ」には絶対これじゃないとだめ！　という正解はありません。**

印をつけた量が多いとか少ないとかで競うものではないように、印のつけ方も人それぞれ。

「印つけ」をする量や記入の仕方、つける場所なども、一人ひとりちがっていいのです。

自分の身になるような「印つけ」だったら、それでいいのです。基本的なことをこの本で学び、たくさんの問題をこなす中で、「印つけ」を自分なりに工夫してみてほしいのです。そう、**「印つけ」の最終的な完成形は自分で作りましょう！**

さあ、一緒に「印つけ」のルールを学び、その使い方を身につけて、国語の達人をめざしましょう！

目次

1 登場人物を見つけよう

強調する
つなぐ
区切る
まとめる

文学的文章［物語文］

印つけのポイント
登場人物に◯をつける

物語《ものがたり》文を読むときには、「いつ・どこで・だれが・何をした（どう思った）」という「あらすじ」をつかむようにしましょう。

「あらすじ」とは、文章全体のだいたいのすじみちのことです。

大事なのは「だれ」のお話なのかということ。つまり、登場人物を意識して読むための「印つけ」をしていきます。

例

名前に注目しながら、登場人物に◯をつけます。


朝から雨が降《ふ》っていました。ねこのゴローは、外に出られないので、たいくつでたまりません。

一郎《いちろう》はつくえにむかって勉強しています。ペラペラと本をめくったり、ゴシゴシと消しゴムを使ったりしています。

（おもしろそうだなあ。ぼくも人間になって、あんなふうにやってみたいよ。）

ゴローは、いちろうをうらやましく思いました。

「いちろう、おべんとうが、できたわよ。」

台所からお母さんの声がしました。一郎は、夜のおべんとうをもって、これからじゅくへ

「だれ」のお話なのか、わかってくるね。

行くのです。

（南史子「ぼく、ねこになりたいよ」より）

解説《かいせつ》

本文を読んで、三人の登場人物に印をつけることができましたか。

登場人物

・一郎
・（ねこの）ゴロー
・お母さん

「ゴロー」はねこですが、人間のようにたいくつしたり、うらやましがったりする気持ちが表現されていましたね。
ですから、この文章では「登場人物」として印をつけました。
また、同じ人物に何度も印をつける必要はありませんが、複数の呼び方がある場合など、混乱してしまいそうなときには、印をつけてわかりやすくしておくとよいでしょう。

STEP 1

次の文章を読んで、後の問いに答えなさい。

▼答えは、別冊2ページ

足立《あだち》のくせに、転校のつらさも知らないくせに、偉《えら》そうなこと言わないでよ。そんなふうに怒《ど》鳴《な》りそうになるのをこらえられたのは、足立が本気であたしを心配してくれているのが、その表《ひょう》情《じょう》から伝わってきたからだ。

「おまえさ、やっぱ早いとこあいつらに話したほうがいいって。なんならおれが代理で話してやろうか？」

「そんなわけいかないでしょ。いいわよ、ちゃんと自分で言うから。けど、これまでずっと隠《かく》してたのに、いまさら転校するなんて、どう伝えたらいいか……」

そこまで言いかけたところで、足立が急に慌《あわ》てた顔になった。足立の視線《しせん》を追って振《ふ》りかえると、あたしのすぐ後ろで、桃《もも》が呆然《ぼうぜん》と立ち尽《つ》くしていた。

「梢《こずえ》ちゃん、転校って、どういうこと？」

泣きかけのような声で桃が尋《たず》ねてくる。あたしが言葉をなくしてしまっていると、足立が代わりにごまかしてくれた。

「誤解《ごかい》誤解。いや、おれの従姉と飯島が仲よくってさ。その従姉が今度転校することになって、いまはその話をしてたとこ」

なっ、と足立がこっちを見るので、あたしも慌てて、「そうそう」と話をあわせた。

「それじゃあ飯島《いいじま》、あいつに挨拶《あいさつ》するつもりがあるんだったら、早めにしておけよ。転校してから後悔《こうかい》したって知らねえぞ」

足立はあたしにそう告《つ》げると、先に行かせた仲間を追って、駆《か》け足で去っていった。

印つけをやってみよう！

登場人物に◯をつけながら読んでいきましょう。

ヒント

呼び方が変わっているところに気をつけましょう。

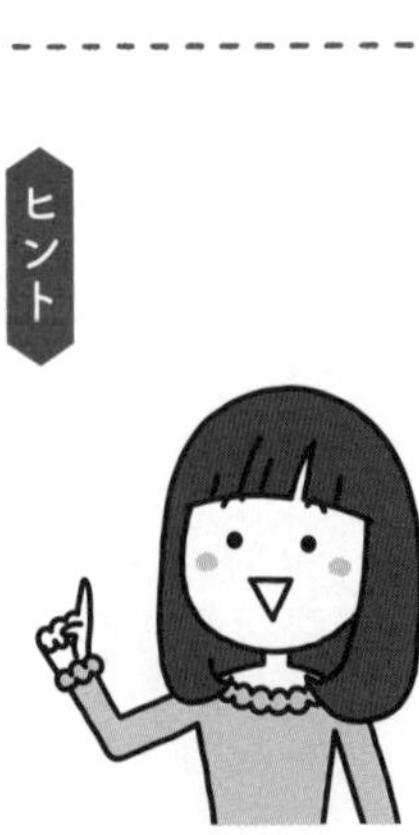

足立の言葉が胸《むね》に刺《さ》さるのを感じながら、あたしは桃の顔を見おろした。桃はおどおどした瞳《ひとみ》で、あたしのことを見つめていた。

桃の疑《うたが》いを拭《ぬぐ》い去るように、あたしはせいいっぱいの笑顔を浮《う》かべてみせた。

美貴《みき》がうちにやってきたのは、夕飯の支度《したく》をはじめてすぐだった。

「どうしてずっと隠してたのよ、転校するなんて!」

足立の嘘《うそ》で桃を完全にごまかせたと思えなかったから、転校がばれることはある程度《ていど》覚悟《かくご》していた。だけど、もしばれて責《せ》められるとしても、明日の学校でだろうと予想していたから、いきなり美貴が訪《たず》ねてきたときはうろたえてしまった。

美貴は家に帰ったあと、桃からかかってきた電話で、あたしと足立の会話について聞いたらしい。それからすぐにおばあちゃんを問いつめて、あたしの転校を知ったのだという。美貴のおばあちゃんは、あたしのおばあちゃんと仲がよくて、引っ越しのことも最初から知っていたのだ。あたしから伝えるまで、美貴には内緒《ないしょ》にしておいてほしい、とお願いしていたはずだけど、たぶん美貴は強引に聞きだしたんだろう。

(如月かずさ「給食アンサンブル」より)

問 この文章の主人公はだれですか。名前をフルネームで答えなさい。

ヒント
たくさんの人物が出てきます。どんなできごとが起きたのかを整理しましょう。

ヒント
「主人公」とは、物語《ものがたり》の中心となる人物のことですね。

STEP 2

次の文章を読んで、後の問いに答えなさい。

▼答えは、別冊3ページ

いちばん盛《も》りあがりを見せたのが、※数学研究部で起こる木曜日のミステリーの話だった。

「ほう。それはおもしろいですね」

関口教授《せきぐちきょうじゅ》も体を前のめりにした。

「そうなんっす。最初はたまたま自分がやりかけの問題を忘《わす》れて帰ったんっすけど」

「次の回にはそこに、解答《かいとう》らしきものが書き入れてあって。めっちゃ癖字《くせじ》だったので、ただの落書きかと思ったんですが、よく見ると数字や記号の連なりだったんです」

「ベートーヴェンが夜中に書いた楽譜《がくふ》のように読み解けなかったな」

「で、誰《だれ》がやっていたのですか」

回想する三人に関口教授がそう問うと、朝《あさ》先生が口を挟《はさ》んだ。

「誰だと思いますか？」

「まるで神さまみたいですね」

「そうでしょう」

二人は謎《なぞ》の会話をしながら笑い合っている。

何？　何？

とわをはじめとして、ほかの部員三人もいぶかしげな顔をしていた。期待にわずかな恐怖《きょうふ》が混《ま》じった空気が張《は》りつめる。

と、押《お》し殺《ころ》すような静寂《せいじゃく》の中、美織《みおり》が「ぶっ」と噴《ふ》き出した。

「そういえばとわちゃんったら、小人の靴屋《くつや》とか想像してたんだよね」

印つけをやってみよう！

登場人物に〇をつけながら読んでいきましょう。

「木曜日のミステリーの話」をしている場面だね。

「ミステリー」って?! おもしろそう。

ヒント

「神さま」や「小人」は、ここでは登場人物には入りません。

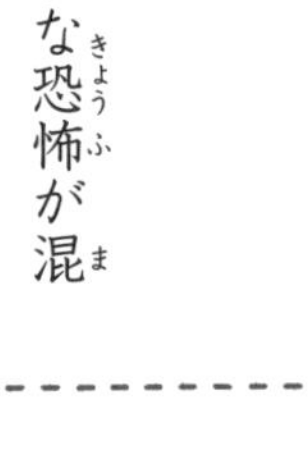

「小人の靴屋って、貧《まず》しい靴屋が作りかけの靴を置いて寝たら、朝になったらできてたってやつ？」

意外にも、在《あり》はあらすじをちゃんと知っていた。そのうえさらに意外だったのは、朝先生のひとことだ。

「ああ、そういうことなのよ。ね、先生」

朝先生は含《ふく》み笑いのまま、関口教授に同意を求めたのだ。

「そうですね。神さまは手帳を持っているといいますからね」

「神さま？　手帳？」

繰り返しただけで、とわの胸は跳ねた。

「そうなのですよ。数学者の間では、そういう表現をすることがあるのです。我々《われわれ》は、難《むずか》しくてわからない問題をずっと長いこと解いているわけです。まるでスルメでもかむみたいにずっと考えている。夢《ゆめ》の中でも解いているんですよ」

「夢で、ですか？」

悪夢《あくむ》だ。

日常生活に支障《ししょう》をきたすだけでなく、睡眠《すいみん》の邪魔《じゃま》までされてはたまらない。とわは、ぞっとしたが、教授はむろん平気そうだ。

「ええ。夢も自分の脳《のう》が見せるものですからね。イメージができていれば解けることもあるんでしょうね。まあとにかく、二十四時間三百六十五日の間、気がついたら頭の中に数字がある」

とわは、そっと在を見た。こちらも当たり前のような顔をしている。※巷《ちまた》にあふれる数字に対し何かせずにいられないらしい在は、やはり立派《りっぱ》な数学者だ。

「ところが、そんなふうにして何年も何年も考えていてもわからなかった問題が、あるとき突然《とつぜん》

ヒント

生徒たちが、先生の話に耳をかたむけている場面です。

わかることがあるんですよ」

「ひらめくんですね」

在《あり》はそれこそがひらめきとばかりに目を輝《かがや》かせた。

「そうなんです。ピンとね。それを表して、数学者は『神さまから手帳を見せてもらった』と言うのです」

「そういうことはありますね。モーツァルトも一晩《ひとばん》の間に名曲を何曲も作っています。あれも神がかっているとしか言えません」

「土俵《どひょう》にも神が宿っているっす。だから、思わぬ力が出ることもあるけど、ひどい目にあうこともある」

「芸術《げいじゅつ》の神は※ミューズだしね」

「小説家も物語がおりてくるとか、ふってくるとか言いますね。あれも神さまかな」

とわの心も高鳴った。

（中略）

帰りは正規《せいき》のルートを通った。舗装《ほそう》された坂道を、とわはすっきりとした気分で歩いた。とわだけではなく、美織も響も章も、そして在も。新しい力が芽生えたような、晴れ晴れとした顔をしていた。

（まはら三桃「無限の中心で」より）

※数学研究部…部員は男子三人が在籍《ざいせき》している。

※巷…世間・世の中。

※ミューズ…女神。

ヒント

物語文には、複数の人物が登場します。それぞれの関係を確認《かくにん》しましょう。

問1　——線部「二人」とありますが、だれとだれを指していますか。本文中から探《さが》し、ぬき出して答えなさい。

問2　この場面に出てくる登場人物は何人ですか。漢数字で答えなさい。

人

漢数字は漢字で書く「一、二、三…」のことだよね？

「1、2、3…」は、算用数字って呼んでいるよ。

2 人物の「気持ち」を見つけよう

強調する
つなぐ
区切る
まとめる

文学的文章［物語文］

印つけのポイント

直接的な「気持ち」の表現に——を引く

登場人物、特に、主人公の「気持ち（心情）」をつかむことで、文章の流れが理解しやすくなります。

「気持ち」の表現の仕方はいろいろあります。「楽しい」「悲しい」というようにはっきりと書いてあることもあれば、人物のせりふ、行動、表情、そして情景描写《じょうけいびょうしゃ》に「気持ち」がかくれていることもあります。

今回は「気持ち」がはっきりと直接的《ちょくせつてき》に書かれている部分を見つけ、「印つけ」をしましょう。

例

「隆《たかし》兄ちゃん」の気持ちがわかるせりふと行動に——を引きます。

いままで食べたことがないはずなのに、ずっとまえから知っているような味にしあがっているから不思議。

次のひと口をフォークですくって、またウサギの物まねをして言ってみた。

「隆《たかし》兄ちゃん、天才だピョン！」

隆兄ちゃんったら、食べ続ける駿《しゅん》と真奈《まな》の顔をかわるがわるに見て、にんまりした。（行動）そして自分でも新作のスパゲッティーをすると、まんぞくそうにうなずいた。（行動）

「おれって、三つ星シェフじゃん！」（せりふ）

「気持ち」と「行動」に線を引いてみよう。

三つ星って、世界中のおいしいレストランに有名なガイドブックがつける点数で、三つが最高点。シェフはコックさんのこと。
隆兄ちゃん、鼻の穴をあまりにも大きくふくらませて言うから、その顔見て、スパゲッティーをふきだしそうになっちゃった。

（行動）

（山本省三「キセキのスパゲッティー」より）

解説《かいせつ》

せりふ

・「**おれって、三つ星シェフじゃん！**」
↓せりふや行動は直接的な表現です。
おいしいスパゲッティーができて得意《とくい》になっている気持ちが伝わります。

行動

・**にんまりした**
・**まんぞくそうにうなずいた**
・**鼻の穴をあまりにも大きくふくらませて**
↓このような直接的な表現を使って、満足《まんぞく》する気持ちとまとめることもできます。
「うれしい気持ち」でもまちがいではありませんが、さらにその場面に合う気持ちを表す言葉を選ぶようにするといいですね。

STEP 1

次の文章を読んで、後の問いに答えなさい。

▼答えは、別冊6ページ

印つけをやってみよう!

「気持ち」がわかるところに ―― を引きながら読みましょう。

「だめだよ。」とぼくはいった。「ぜったいに、きっちゃだめ。」

うしろから圭《けい》ちゃんが「伸《のぶ》くんのばんよ。」と、ぼくを呼んだ。

ぼくはふたりのところへもどると、「ぼくやめる。」と、持っていたトランプを床《ゆか》に投げた。

「ねえ、きっちゃだめだよ。」

お父さんたちのテーブルのそばに行って、三人にいった。

三人ともだまっていた。

「『いい木だろ』っておじいちゃんはいってたよね。『こんなに大きいネムノキはめったにないよ。小鳥の贈《おく》り物だ』っていってたよ。それをきるの? ネムノキはただ、自然に大きくなっただけだよ。だめだよ、だめだめ。」

ぼくは泣きだしていた。

体のなかが熱くなって、体じゅうを血がぐるぐるとまわりはじめ、心臓《しんぞう》がどくんどくんと大きい音をたてていた。

胸《むね》のなかにいろんな気持ちがわきおこっていた。悲しい気持ちがいちばん大きかった。あのネムノキがきり倒《たお》される、と考えただけで、胸がやぶけそうに悲しかった。それから、怒《いか》りの気持ちもあった。

どうしてそんなことを三人でかんたんに決めちゃうんだ、とおじいちゃんたちに対して腹《はら》がたっていた。枝《えだ》が車にあたりそうになったと文句をいってきた人にも腹がたったし、だいぶまえからおじいちゃんたちの話が耳に入っていたはずなのに、しらん顔をしていたお母さんとおばさ

主人公はだれかな?

「ぼく」が主人公だね。だから「ぼく」の気持ちに注目しよう。

んにも腹がたった。

「ぜったいだめだから。」

ぼくはだらだら涙《なみだ》を流しながらさけんだ。

「おいおい、伸くん。そんなにネムノキがすきだったの？　あの木にそんなに興味《きょうみ》を持っているようには見えなかったけどなあ。」

半分笑いながらおじさんはいった。

お母さんがぼくのそばに来た。

「まだ、話し合ってるだけだからね。そう決めたわけじゃないんだから。」

「伸くんのそういうやさしい気持ちは大事だけど、そういう気持ちだけじゃ、なにごとについても正しい判断《はんだん》をすることはできないよ。現実《げんじつ》っていうのはね、気持ちだけじゃ片《かた》づかないことのほうが多いから。伸くんにもそのうちわかるよ。」

そういうとおじさんは、木をきることなんてなんでもないことなんだ、というような笑い方をした。

「だめ、だめ。」と、ぼくは泣きながらいった。

「こまったなあ。」とおじさんはいった。

お母さんはぼくの頭をなでようとした。

ぼくはその手をふりはらった。

「ばかだ。おとなはみんな大ばかだ。」

ぼくにはもっといいたいことがあった。ネムノキについて。でも、どういえばいいかわからなかった。どう話せば、おとなはわかってくれるのだろう。ぼくは泣いている自分がなさけなかった。

ぼくは泣きながらテラスにでた。そしてうしろのガラス戸をしめた。テラスの椅子《いす》にすわって

ヒント

「ぼく」と周りの人たちの、ネムノキへの思いのちがいを読み取りましょう。

から涙をふいた。胸《むね》のなかは嵐《あらし》のようだった。いろんな気持ちがぶつかり合っていて、どうすればもとのような落ち着いた気持ちになれるのかわからなかった。

ネムノキは暗やみのなかで変わらない姿《すがた》で立っていた。葉を落とした枝を空にむかって大きくひろげていた。あちこちの枝の先が小さく揺《ゆ》れていた。

ぼくはみんなが帰る時間になるまで、家に入ろうとしなかった。お母さんが何度か家に入るようにいいに来たけれど、ぼくはいうことをきかなかった。お母さんはジャケットを持ってきて、ぼくに着せた。

（岩瀬成子「ネムノキをきらないで」より）

問 「ぼく」が泣いたのは、どういう気持ちからですか。本文中のことばを使って、中心となる気持ちを二つ、それぞれ五字程度《ていど》で答えなさい。（句読点はふくみません。）

ヒント 混乱《こんらん》する気持ちを「胸の中は嵐のようだった」とたとえています。

「気持ち」を答えるときには、終わりに「……気持ち」をつけよう。

答えのまとめかたも大事なんだね。

STEP 2

次の文章を読んで、後の問いに答えなさい。

▼答えは、別冊8ページ

〔「僕《ぼく》」はピアノの調律師《ちょうりつし》の仕事をしている。長い間放置されていたピアノの調律を終えたことを、その家に住む青年に伝えた場面である。〕

「試しに弾《ひ》いてみていただけますか」

聞くと、しばらく間を置いて、かすかにうなずいた。

人と目を合わせもしない人が、人前でピアノを弾くとは思えなかった。だから、右手の人差し指一本で、鍵穴の上のドを叩《たた》いたときに、その一音だけでも弾いてくれてよかったと思ったのだ。ド、は思いがけず力強かった。青年はピアノの前に立って、一本の指でドを弾いたまま動かなかった。ドだけでは調律の具合はわからないだろう。できればもう少し弾いてもらえないか、と声をかけようとしたとき、彼はゆっくりとふりかえった。顔に驚《おどろ》きが表れていた。その目は一度たしかに僕の目と合い、それからまた外された。彼は人差し指を親指に替《か》え、もう一度ドを弾いた。それから、レ、ミ、ファ、ソ、と続けた。左手を身体の後ろで振《ふ》るようにして、椅子《いす》を探《さが》した。椅子にその指の先が届くと、ピアノのほうを向いたまま左手で椅子を引き寄せ、すわった。そうして、両手でドから一音ずつ丁寧《ていねい》に一オクターブ鳴らしていった。

試し弾きをされている間は、普段《ふだん》なら気が抜《ぬ》けない。（　①　）だ。でも、今日は、調律前よりも空気が和《なご》んでいた。

青年が、椅子にすわったまま肩越《かたご》しにこちらをふりむいた。

「いかがですか」

印つけをやってみよう！

登場人物は二人です。それぞれの「気持ち」がわかるところに――を引きながら読みましょう。

聞くまでもない。笑っていた。青年は笑っていた。まるで、あの写真の中の少年のようだった。よかった、と思うまもなく、またピアノのほうを向いたかと思うと、何か曲を弾きはじめた。ねずみ色のスウェットの上下で、髪《かみ》は起きぬけのぼさぼさのままで、大きな身体を丸めて弾いている。テンポがゆっくり過ぎてわからなかったが、ショパンの子犬のワルツだった。

曲はしばらく像《ぞう》を結ばなかった。それが、だんだん、子犬の姿が見えるようになった。調律道具を片づけはじめていた僕は、驚いて青年の後ろ姿を見た。大きな犬だ。ショパンの子犬はマルチーズのような小さな犬種のはずだったけれど、この青年の子犬は、たとえば秋田犬や、ラブラドール・レトリーバーの、大きくて少し不器用な子犬なのだ。テンポは遅《おそ》いし、音の粒《つぶ》も揃《そろ》ってはいないけれども、青年自身が少年のように、あるいは子犬のように、うれしそうに弾いているのがよく伝わってくる。ときどき鍵盤《けんばん》に顔を近づけて、何か口ずさんでいるようにも見えた。

こういう子犬もいる。こういうピアノもある。

一心にピアノを弾く青年の背中を眺《なが》め、やがて短い曲が終わったとき、②僕は心からの拍手《はくしゅ》を贈《おく》った。

（宮下奈都「羊と鋼の森」より）

ピアノを弾く青年の様子が生き生きと表現されているね。
比喩《ひゆ》（たとえ）が上手に使われているね。

問1（　①　）にはどのような気持ちがあてはまりますか。最もふさわしいものを次の中から選び、記号で答えなさい。

ア　ほかの方法があったかもしれないという後悔《こうかい》

イ　時間内に仕事を終えることができないあせり

ウ　今回もすばらしい働きをしたという達成感

エ　自分の仕事を目の前で品定めされる緊張感《きんちょうかん》

問2　――線部②「僕は心からの拍手を贈った」とありますが、「僕」のどのような気持ちを表していますか。説明しなさい。

ヒント

（①）の直前に「気が抜けない」とあります。その理由を考えてみましょう。

3 きっかけと「気持ち」をつなごう

強調する　つなぐ　区切る　まとめる

文学的文章［物語文］

印つけのポイント

きっかけと「気持ち」を→でつなぐ

登場人物の「気持ち」を見つけたら、次に、「なぜ喜んでいるのだろう」「がっかりしているのはどうしてかな」というように読んでいくと、「気持ち」をもっと理解することができます。

つまり、「気持ち」には、必ず「きっかけ」や「理由」があるのです。「気持ち」を答える問題では、そのきっかけ・理由をいっしょに入れてまとめると、ぐんとわかりやすくなります。

それでは、「気持ち」と、そのきっかけが書かれている部分を見つけ、それをつなぐ「印つけ」をしましょう。

例

「ぼく」の気持ちに――を引き、次にその気持ちになったきっかけを探《さが》します。そして、それらを→でつなぎます。

土井《どい》先生が、（きっかけ）
「おい、吉野《よしの》。用事があるから、ちょっとついてきてくれ。」
そういって、帰りの会も終わり、教室をでていこうとしているぼくを呼びとめたのはおとといのことでした。
心当たりはなにもなかったけど、やっぱりどきりとしました。（気持ち）おまけに、聞きつけたクラ（きっかけ）

どうしてそんな気持ちになったのかを考えてみようね。

スメートの何人かが、にやにやしながらこっちを見ていたのでさらに不安がつのりました。

気持ち

（福田隆浩「手紙──ふたりの奇跡──」より）

解説《かいせつ》

「ぼく（吉野）」がどきりとしたのは、土井先生に呼びとめられたからですね。

きっかけと気持ちがむすべたら、次のようにまとめることができます。

▼土井先生に呼びとめられたので、おどろく気持ち。

しかも、クラスメートがにやにやして見ていました。「にやにや」という笑いかたは、他人の失敗などをひそかに喜んでいるような様子ですから、これがきっかけで、不安な気持ちが強くなったのです。

まとめてみましょう。

▼クラスメートがにやにやして見るので、不安になる気持ち。

気持ちをまとめるときには、【気持ちのきっかけ ＋ 気持ちを表す言葉】の順に書くようにすると、わかりやすくなります。

STEP 1

次の文章を読んで、後の問いに答えなさい。

▼答えは、別冊10ページ

天井《てんじょう》をにらみつけながら、突然《とつぜん》飛び込《こ》んできた事実をどう受けとめたらよいのか、拓《たく》は困惑《こんわく》した。

いや、もしかしたら報道《ほうどう》自体に間違《まちが》いがあり、沢田《さわだ》先生が転勤《てんきん》するなんてことはないのかもしれない。そうだ。だれも沢田先生が転勤するなんて思っていなかったのだ。もしかしたら、同姓《どうせい》同名の人物がいるのかも。

いろんなことが次々に頭を巡《めぐ》って、拓は混乱《こんらん》した。

とにかく、学校へ行かなければ。これが本当だとしたら、今日の離任式《りにんしき》で、沢田先生はステージに上がって挨拶《あいさつ》する。でも、何かの間違いだったとしたら、その姿《すがた》は見ないですむ。どちらにせよ、学校へ行けば本当のことがわかる。拓はとにかく学校へ行く仕度《したく》を始めた。

今日は、離任式後に、部活がある。拓は制服を着て、バッグに部活の荷物を詰《つ》め込んで、家を出た。

教室には多くの生徒が登校していた。あちこちで何人かずつ固まって、話し込んでいる。転任する先生の話で騒然《そうぜん》となっているようだった。

突然、後ろから肩《かた》を強くたたかれた。振《ふ》り向くと、亜美《あみ》がいた。

「遅《おそ》いよっ」

亜美が、怒《おこ》ったように言った。

「なんでだよ」

拓は、亜美の態度《たいど》にむっとして言った。

印つけをやってみよう！

拓《たく》の「気持ち」と、その気持ちになった「きっかけ」がわかるところに——を引きながら読みましょう。そして、それらを→でつなぎましょう。

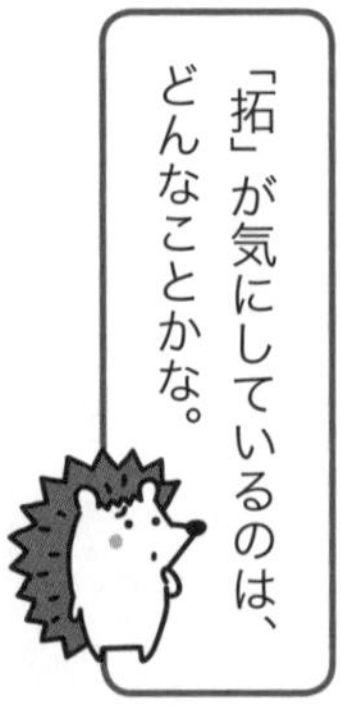
「拓」が気にしているのは、どんなことかな。

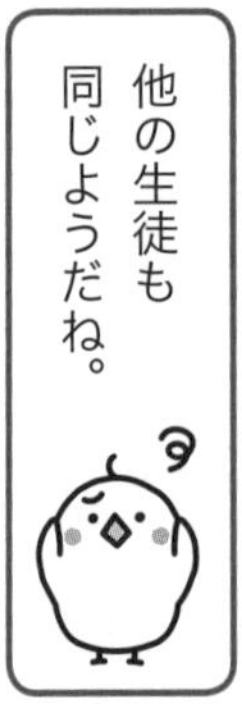
他の生徒も同じようだね。

亜美は目を真っ赤にさせて、拓を見つめている。何か言おうとして唇《くちびる》が震《ふる》えたが、泣きそうになるのをこらえるように口を閉じた。

「これ」

とだけ、声を絞《しぼ》り出すように言って、差し出した、その手には色紙《しきし》があった。

「なに？」

拓は、亜美を見た。

「早くしないと書く場所なくなっちゃうよ」

亜美が色紙に目をやった。

色紙の中央には、『沢田先生ありがとう』という言葉が花びらのマークで囲まれていた。その周りにはびっしりとクラスの生徒たちのメッセージが書き込まれている。「授業が楽しかった」とか「悩《なや》んだ時に相談に乗ってくれてありがとうございました」とかいう言葉が目に入った。

沢田先生は、みんなからも慕《した》われていたんだと思った。よく見ると、隣《となり》のクラスの生徒の名前も多くあった。学級委員の亜美と数人の女子が中心となって、大急ぎで回しているらしい。

「べつに、おれ、いいよ」

拓は、さらりと答えた。

「どうして？」

驚《おどろ》いたように亜美が目を見張《みは》った。

「字書くの苦手だし」

「なに言ってんの。あんた一番世話になったんでしょ、部活でも」

亜美が怒ったように声を上げた。

「ほらっ、純太《じゅんた》くんだって書いてる」

ヒント 亜美《あみ》の様子や、寄せ書きがされている色紙《しきし》から、拓が確信したことは何でしょう。

ヒント 拓が色紙にメッセージを書こうとしない理由は、本当に字を書くのが苦手だからなのでしょうか。

亜美《あみ》が色紙《しきし》の隅《すみ》の方を指さした。そこに、純太《じゅんた》の小さな文字が書かれていた。「三年の最後の大会まで先生と一緒《いっしょ》に戦いたかったです。純太」と、あった。その言葉を読んだとき、思わず感情が込み上げて、口もとが震《ふる》えた。

拓《たく》も同じ思いだった。昨日まで、沢田《さわだ》先生とそんな話をしていたのだから。それが、なんで突《とっ》然《ぜん》この学校を去《さ》ることになったんだ。やるせない思いにこぶしを握《にぎ》りしめた。

「べつに、おれ、書くことないし」

拓は、色紙から目をそらした。

「拓、素直《すなお》になんなよ」

亜美が、拓をじっと見つめた。

こんな短い言葉では、今の気持ちを伝えることなどできないと思った。

「ほか回ってるから、その間に書くこと考えときなよ」

亜美は、色紙を持って忙《いそが》しそうに行ってしまった。


（横沢彰「青春！　卓球部」より）

問　——線部「今の気持ち」とありますが、どんな気持ちですか。その気持ちになったきっかけを入れて「～気持ち。」につながるように、本文中から九字と五字でそれぞれぬき出して答えなさい。（句読点はふくみません。）

□□□□□□□□□ので、
□□□□□気持ち。

ヒント
「べつに、おれ……」と拓《たく》が言うのは、これで二回目ですね。

言葉では「べつに」と言ってるけど……。

本当の気持ちはどうなのかな。考えてみよう。

STEP 2

次の文章を読んで、後の問いに答えなさい。

▼答えは、別冊12ページ

「今度、森にクワガタをとりにいくけど……」

と小さな声でいった。私はそんなこともうどうでもよかったが、ケンタがたまたまそばを通ったイサム君に、クワガタ採《と》りの日にちを確認《かくにん》したので、私の気持ちはぐらぐらと揺《ゆ》れ動いた。クワガタ採集の日は夏休み初日だった。朝早くいくと森のなかの木にクワガタが集まっているのだとケンタはいった。私はあの※むしろの臭《にお》いも便所虫のことも忘れて、

「一緒《いっしょ》に行く」

と、ついいってしまったのだった。

当日、私は朝五時半に起きて集合場所の赤土の小山に歩いていった。犬の散歩をさせているおじいさんやおばあさんは、とぼとぼ歩いている私に、

「お嬢《じょう》ちゃん、どこへいくの」

と声をかけた。犬は尻尾《しっぽ》を振《ふ》っていた。ひんやりして草の匂《にお》いのする空気は、昼間の空気の匂いとは全然違《ちが》っていて、たくさん深呼吸《しんこきゅう》したくなった。小山にはもうケンタ※一派《いっぱ》がきていた。イサム君の姿《すがた》を見て、また（　①　）。

ぞろぞろと森のなかに入っていくと、青臭《あおくさ》い森の匂いに包まれ、スズメの声がうるさかった。名前も知らない小さな虫もぷんぷんとんでいた。物珍《ものめずら》しくて上のほうばかり見ていたら、

「石が転がっているから、あぶないよ」

という声がした。イサム君が私に注意してくれたのだ。「あぶないよ」ということばが私の頭のなかにわんわんと優《やさ》しく何度も共鳴し、体がかーっとなってそのあとふわふわしてきた。

印つけをやってみよう！

「私」の「気持ち」と、そのきっかけとなるところに――を引きましょう。そして、それらを→でつなぎましょう。

「私」がクワガタ採りに行くことにしたのはなぜかな。

ケンタに誘《さそ》われたからではないよね。

「おい、いたぞ、いたぞ」

男の子たちは声を殺して、樹液《じゅえき》にむらがっているクワガタを指差した。オオクワガタもカブトムシのオスもいた。私も口では、

「わあ、すごい」

といったものの、クワガタなんてもうどうでもよく、すべてがうわの空だった。男の子たちが目を輝《かがや》かせて、足をばたばたさせるクワガタやカブトムシを虫カゴにいれるのを見ながら、②私は生まれて十年の間でこんなに幸せだと感じたことはなかった。


夏休みの一日目からいいことがあって、私は浮《う》かれていた。母親から門と玄関《げんかん》の掃除《そうじ》をいいつけられても、にこにこしていうことを聞くので、母親は、

「新しいリリーちゃんの洋服が欲《ほ》しいんでしょう」

といった。もう私は喜んでお人形遊びをしているような歳《とし》じゃないのだ。もしかしたら男の子と仲よくなれるかもしれないのだ。宿題も決められた通り毎日ちゃんとやり、お手伝いもして私は※模範的《もはんてき》な生徒だった。夏休みが半分おわったある日、母親が買い物から帰ってきて、

「イサム君の家が引っ越《こ》ししていったよ。大きな家が建ったんですって。すごいわね」

とうれしそうにいった。母親がたまたま家の前をとおりかかったら、彼やおかあさんがトラックに荷物を運んでいたというのだ。目の前で太陽がかーっと照った。

「どこへ、どこへ引っ越したの」

「住所は書いてもらってきたけど……」

私は母親の手からメモ用紙をひったくった。新しい住所は埼玉県《さいたまけん》になっていた。

「学校は転校するって?」

「あ、聞かなかった」

ヒント

「うわの空」とは、ほかのことに心がうばわれていて目の前のことに注意がいかない様子のことです。私の心はどんなことでいっぱいになっているのでしょうか。それが、問2の答えにつながります。

うちの母親は何て気がきかなくて、何てバカなんだろうと情けなくなった。ともかくここは何とかせねばならない。私はタンスの中からハガキを取り出し、昆虫図鑑《こんちゅうずかん》と首っぴきでクワガタの絵を描《か》いて、イサム君に暑中見舞《みま》いを出した。学校のプール教室でケンタ一派に会うが、彼らにイサム君のことを詳《くわ》しく聞くのは気が引けたので、私は悶々《もんもん》としてお返事がくるのを待つしかなかったのだ。

新学期になったらイサム君の姿はなかった。彼のかわりにものすごい大デブの男の子が転校してきた。

私の愛のシナリオでは、

「ぼくはヨシダさんが好きでした」

というお返事がくるはずだったが、毎日、毎日まるで癖《くせ》のようにポストを覗《のぞ》き続けたけれど、お目当てのハガキはとうとうこなかった。母親は、

「夏休みに頑張《がんば》ってくれたから」

といって、リリーちゃんの黄色いドレスを縫《ぬ》ってくれて、そのうえ銀色のパーティ・ドレスのセットも買ってくれた。③うれしくもあったしうれしくもなかった。

（群ようこ「セミの抜《ぬ》け殻《がら》」より）

※むしろ…わらなどで編《あ》んだ敷物《しきもの》。

※一派…仲間。グループ。

※模範的…手本となるような様子。

ヒント

「私」の気持ちを母は知らないので仕方のないことです。

夏休み中、「私」が模範的な生徒だったのはなぜかな。

お母さんは結局わかってないけど、みんなは気づいたかな。

問1 （　①　）にはどのような表現があてはまりますか。最もふさわしいものを次の中から選び、記号で答えなさい。

ア じだんだをふんだ

イ ほっぺが熱くなった

ウ 胸《むね》をなで下ろした

エ 目からうろこが落ちた

問2 ――線部②「私は生まれて十年の間でこんなに幸せだと感じたことはなかった」とありますが、「私」はどんなこと（きっかけ）で幸せだと感じたのですか。説明しなさい。（句読点もふくみます。）

問3 ――線部③「うれしくもあったしうれしくもなかった」とありますが、うれしいと単純に思えなかった理由（きっかけ）が書かれている**一文**を本文中から探《さが》し、そのはじめと終わりの五字をぬき出して答えなさい。（句読点もふくみます。）

□□□□□～□□□□□

ヒント 選択肢ア～エの言葉の意味をそれぞれおさえましょう。

ヒント 「一文」という指示を守りましょう。「文」とは、句点（。）で区切られた、ひとまとまりのことです。

4 かくれている「気持ち」を見つけよう

強調する　つなぐ　区切る　まとめる

文学的文章［物語文］

印つけのポイント

かくれている「気持ち」に――を引く

周りの風景や様子などに、登場人物の「気持ち」が表されていることがあります。そのような「気持ち」がふくまれている風景を「情景《じょうけい》」と言います。

たとえば空にかかった美しい虹《にじ》。虹を美しいと感じたその人の「喜ぶ気持ち」「晴れやかな気持ち」などが反映されているかもしれません。場面に合わせて考える必要がありますが、映画やマンガなどでもそういう演出を見たことがありませんか？

今回はかくれている「気持ち」、つまり「情景」に「印つけ」をしましょう。

例　**気持ちが表れている部分に――を引きます。**

浜の子どもたちと仲良くなれないことが、悲しかったわけではなかった。おばさんの好意に沿《そ》えない自分を※不甲斐《ふがい》なく思ったけれど、それが全てでもなかった。

「だったら何が？」と聞かれても、はっきり答えられはしないのだけれど、言ってみればなんとなくもやもやと悲しかったのだ。

情景

ぬれた水着からしたたり落ちる、生ぬるい海水の感触《かんしょく》。沖《おき》の水平線にかかった入道雲。夕《ゆう》暮《ぐ》れにかたむきだした空の色。長い影《かげ》を引きずって立つ、色のあせたビーチパラソル。その

登場人物の気持ちが見つかったら、線を引いてみよう。

となりにぽつんと置き去りにされているわたし自身。
そんなあれやこれやの全部のことが、もやもやと悲しかったのだ。

（薫くみこ「ぜんぶ夏のこと」より）

※不甲斐なく…いくじがなく、もどかしい様子。

解説《かいせつ》

この文章では、「悲しい気持ち」であることが何度も書かれていました。
その「悲しい気持ち」の印象をさらに強める働きをしているのが「情景」部分です。

直接表現

・悲しかった
・不甲斐なく思った
・もやもやと悲しかった

▶具体化

情景

「ぬれた水着から〜わたし自身。」

マイナスのイメージを連想させるものを並べることで、主人公の悲しんでいる気持ちが、より強く伝わります。

STEP 1

次の文章を読んで、後の問いに答えなさい。

▼答えは、別冊16ページ

後ろをふり返ってみたが、※ショクパンが追いかけてくる気配はなかった。

ごめんな。ごめんな。

石に足を取られて転びそうになった。胸《むね》が苦しい。わき腹《ばら》もいたい。地面にくずれそうになる寸前《すんぜん》、ようやくユウキは足を止めた。もう限界《げんかい》だった。目の前の木の幹《みき》に両手をつき、肩《かた》で大きく息をする。下をむくと、食べたばかりのクリームパンと牛乳《ぎゅうにゅう》をもどしそうになった。胸ははげしく鼓動《こどう》をうち、ひざはがくがくとふるえていた。

はぁはぁはぁはぁ……。

自分の息づかい以外は、なにも聞こえなかった。雨のようにふり注いでいた虫の声はどこへ消えたのだろう。

顔を挙げて森の中を見まわしたとき、ユウキの心臓《しんぞう》はちぢみ上がった。

四方八方をたくさんのクマザサが取りまいていた。ユウキは、こんな笹《ささ》の群生《ぐんせい》には記憶《きおく》がなかった。登ってきた登山道とは別の場所だった。

どこだ、ここは?

足下ばかりに気を取られ、とちゅうにあった分岐点《ぶんきてん》を見のがしていた。ユウキの全身から血の気が引いた。のみこもうとしたつばが、のどのおくに引っかかった。風にゆれた笹の葉がこすれ、ざらざらとした音が森中にひびく。日はくれはじめている。

どっちに進めばいい?

笹の葉は風におどり、ユウキが来た道さえも消し去ろうとしていた。ユウキの頭の中は、まっ

印つけをやってみよう!

直接的な表現・せりふ・行動だけでなく、「情景《じょうけい》」にも――を引きましょう。

ヒント

ユウキが道に迷ったことに気づいた瞬間《しゅんかん》です。

笹《ささ》の葉が「風におどり」って、人間みたいだね。

人間以外のものを、まるで人間のようにたとえることを「擬人法《ぎじんほう》」と言うよ。

白になった。

ゴロゴロゴロゴロ―ッ。

ふたたび耳を裂《さ》くような雷鳴《らいめい》が鳴りひびいた。ぴかりと森中が光った。ユウキは耳をおさえながら、木々の間から空を見上げた。真っ黒な雲が美納山《みのうさん》の上空をおおいつくしていた。今にも雨がふりそうだ。

「ショクパーン！」

思わず、ショクパンの名前をさけんだ。もちろん返事はない。

闇《やみ》が急にこくなった。ユウキは、自分の勘《かん》だけをたよりに森の中を進んだ。

（ながすみつき「ショクパンのワルツ」より）

※ショクパン…犬の名前。

問　――線部「闇が急にこくなった」とありますが、これにより今後よくないことが起こりそうな展開と、ユウキの不安な気持ちが表現されていました。このような「闇」の他に、気持ちが表現されていたものを本文中から三つ探《さが》し、それぞれ二字・四字・五字でぬき出して答えなさい。（句読点はふくみません。）

□□・□□□□・□□□□□

ヒント

たったひとりぼっちで山の中にいる不安は、何によってさらに深まっていましたか。

STEP 2

次の文章を読んで、後の問いに答えなさい。

▼答えは、別冊17ページ

〔亜実《あみ》には、コウ兄とジュン兄という二人の兄がいる。下の兄であるジュン兄はある日、理由も言わず家出をし、長い間帰ってきていない。亜実は上の兄であるコウ兄の部屋で、実はコウ兄が養子であるということを知る。〕

「ジュン兄がほんとうのことを知ったのって、いつ？」

「つい最近だよ」

またわからなくなった。このことと家出と、関係があるのかどうかが。

「コウ兄、わたしいまいちわからないんだけど、それを知って、どうしてジュン兄が家出したんだろう？」

「ぼくに申し訳《わけ》ないって思ったんじゃないかな。あいつ、やさしいから。ぼくがほんとうの子じゃないのに、自分がほんとうの子どもなのは、なんか申し訳ないって」

それで？　それでジュン兄が家出したんだとしたら、ジュン兄、弱虫じゃん。逃《に》げてるじゃん。思い上がってるじゃん。そう思った。

「コウ兄」

「大丈夫。あいつはちゃんと帰ってくるから」

うん。そうだね。ジュン兄はちゃんと帰ってくる。

「ちゃんと帰ってきて、きっちり落とし前つけてくれるよね」

と、わたしは言った。

印つけをやってみよう！

直接的な表現・せりふ・行動だけでなく、「情景《じょうけい》」にも——を引きましょう。

ヒント　亜実《あみ》の気持ちに注目しながら読み進めます。あらすじがついている時は、その部分も重要です。

ジュン兄が家出をしたことに対する亜実の気持ちが表れているね。

納得《なっとく》していないようだね。

「落とし前って、なんだかすごい世界のことを話してるみたいだ」

そう言って上の兄貴《あにき》が笑う。コウ兄って、こんなに笑うひとだっけ？ ①うれしいのと痛《いた》いのとで、胸《むね》がちりちりする。

「あのさ、ママたち、知ってるの？ つまり、ジュン兄がこのことを知ってるってこと」

「ああ、ジュンが家出したってわかったときに話したよ。それが家出のほんとうの理由かどうか、そこのところはわからないんだけどね。でも、理由があったほうがお袋《ふくろ》が少しは楽になるんじゃないかと思って」

うん。そうだね。コウ兄は今みたいにすごく落ち着いてママに話をしたんだろうな。そして最後に、大丈夫、あいつは帰ってくるから、って。

上の兄貴は黙《だま》った。

わたしも黙った。黙っていると、いろんなことを思い出し、いろんなことを考える。たとえばこの前、コウ兄が言った「帰ってこられなくなっちゃうって思ったからかな」が、もしかして全く違う意味なのかと考える。「ジュンは帰ってくるから」と繰《く》り返したコウ兄のこころの奥《おく》にあるものを想像する。しばらくの間。そんなふうにして、それから、あることに気づいた。

「コウ兄」

「ん？」

「あのさあ……」

「ん」

「このことも、ママたちに言ったほうがいいかな？」

「亜実と話したってこと？」

「うん」

ヒント
亜実は、コウ兄の気持ちに寄りそおうとしています。

「そうだね」

「そうだよね」

気まずいけど、そのほうがいい。そのほうがずっといい。強くそう思った。そしてもう誰《だれ》もが逃《に》げたり隠《かく》れたりもなしだ。それでもわたしたち三人は断然《だんぜん》兄妹なんだから。わたしたちは家族なんだから。

「あっ」

わたしは小さく叫《さけ》び声をあげた。

「まだあるの？」

上の兄貴《あにき》がすこしあきれたように訊《き》いた。

「そうじゃなくて、ほら、外」

そう言って、わたしは窓《まど》を指差した。上の兄貴の勉強机《べんきょうづくえ》の先にある小さな窓を。

「あっ」

わたしと同じような声を上の兄貴も出す。

②<u>朝焼けだった。</u>兄貴が網戸《あみど》を開けて、からだを乗り出すようにして朝焼けを見た。兄貴の机にからだごと乗って、兄貴にくっつくようにしてわたしも見た。朝焼けを。それから徐々《じょじょ》に朝焼けが薄《うす》れ、空が白っぽくなっていくのを、見た。

朝が来たんだ。

自分の部屋にひきあげるころなのはわかっていた。でもなんだか惜《お》しくて、もっと兄貴と話をしたくて、もっともっと。

（石井睦美「兄妹パズル」より）

ヒント 亜実《あみ》がここで気づいたことは何でしょう。

ヒント 「兄貴にくっつくようにして」という部分からも、二人の関係性が見えますね。

問1　――線部①「うれしいのと痛《いた》いのとで、胸がちりちりする」とありますが、なぜこのように思ったのですか。最もふさわしいものを次の中から選び、記号で答えなさい。

ア　コウ兄の新たな一面を発見できたが、コウ兄のことを実は何も分かっていないのかもしれないと思ったから。

イ　コウ兄は「落とし前」と言ったことをおもしろいと感じてくれたが、ほめられて少し照れくさくなったから。

ウ　ジュン兄の家出により家庭が暗くなり、コウ兄が笑顔を見せたのも久しぶりだったことにおどろいたから。

エ　なぐさめてくれるコウ兄の優《やさ》しさは心にひびいたが、ジュン兄が帰ってくるとはどうしても思えないから。

□

問2　――線部②「朝焼け」とありますが、この情景《じょうけい》にはどのような気持ちがかくされていると思われますか。最もふさわしいものを次の中から選び、記号で答えなさい。

ア　尊敬《そんけい》　イ　同情　ウ　反省　エ　希望

□

ヒント
「うれしい」と「痛い」という二つの気持ちの原因《げんいん》を、それぞれ考えましょう。

ヒント
朝焼けは次第に薄れて、夜が明けていきましたね。亜実たちの気持ちもそれになぞらえています。

5 「気持ち」の変化を見つけよう

強調する　つなぐ　区切る　まとめる

文学的文章［物語文］

みなさん、一週間、いえ、今日一日をふりかえって、どんなことがあって、どんな気持ちだったのかを思い出してみてください。おそらくずーっと同じ気持ちだったという人はいないでしょう。

「気持ち」というものは、いつも動いていて変わっていくもの。それは物語でもえがかれています。今回は気持ちが変わる「きっかけ」にも注目して、その前と後で、どのように「気持ち」が変化をしているのかを見つけましょう。

印つけのポイント

「きっかけ」の前後にある「気持ち」を──→でつなぐ

例

「パパ」の気持ちに──を引き、「気持ち」の変化を──→でつなぎます。

〈パパは、海水浴場《よくじょう》ですぐに見分けられるよう、ビーチパラソルのてっぺんにタコの風船をつけた。〉

「どうだ、これなら迷子《まいご》にならないだろ。おじさんの会社で開発中の新製品《しんせいひん》なんだ。『たこ八くん』っていうんだけど、かわいいだろ」

パパは得意《とくい》そうに言ったけど、ジャンボやタッチやハマちゃんには「なにこれ」「カッコ悪ーい」「まわりのひと、みんな笑ってるよ！」と言われてしまった。

どのように気持ちが変化していくかを、線を引いて見ていこう。

がっくり――（気持ち②）と、音が聞こえてきそうなほど、パパは落ち込《こ》んでしまった。「デザインがよくないのかなあ、自信作だったんだけどなあ……」としょんぼりして（気持ち②）、パラソルに結《むす》んだヒモをほどきはじめた。

（重松清「くちぶえ番長」より）

解説《かいせつ》

「パパ」はタコの風船を得意そうにしていました。

ところが、カッコ悪いなどと言われたので、落ち込んでしょんぼりしてしまいました。

変化した気持ちは、次のようにまとめることができます。

◎ タコの風船に自信を持っていた（気持ち①）**が**、カッコ悪いと言われた（きっかけ）**ので**、落ち込む（気持ち②）**気持ち**。

気持ちの変化をまとめるときには、**【気持ち①＋きっかけ＋気持ち②】**という形にまとめるようにしましょう。

STEP 1

次の文章を読んで、後の問いに答えなさい。

▼答えは、別冊22ページ

（池田《いけだ》くんの指揮《しき》といろはの伴奏《ばんそう》で合唱コンクールに参加した六組だったが、入賞することができなかった。）

壇上《だんじょう》では、音楽の先生がマイクを持って各クラスの講評《こうひょう》をしている。

六組は、難解《なんかい》な曲に挑戦《ちょうせん》し、クラス一丸となってがんばっていたが、あと少し、メリハリがあれば入賞できただろうといわれた。

いろはが、背中を丸めて顔をふせる。となりにすわる池田《いけだ》くんも、むっつりした顔で下をむいていた。

（べつに、ふたりの責任《せきにん》じゃないんだけど、やっぱり気にしてるだろうな……。教室に帰る時、声かけてあげなくちゃ）

そう思っていたら、近くの席から声がきこえた。

「やっぱりさ、近藤《こんどう》さんの演奏《えんそう》と池田くんの指揮が、最初のころ、かみあってなかったからじゃない？」

「だよね。合同練習の前に、ふたりでもうちょっと練習しておいてくれたらよかったのに」

だれがいっているのかはわからないけど、まるでいろはと池田くんのせいのようにきこえる。

（ひどい……！　ふたりとも、すごくがんばってたのに）

カッとなって、身を乗りだそうとした時、

「おわったことをあーだこーだいっても、しょうがねえじゃん。結果だけがすべてじゃねえし」

印つけをやってみよう！

「わたし」の「気持ち」に——を引き、その変化がわかるところを→でつなぎましょう。

「わたし」は「いろは」を気にしているね。

何を心配しているのかな。

わたしの右どなりにすわっていた中村《なかむら》が、突然《とつぜん》、大声でそういった。

まわりのみんなが、ぎょっとして中村を見る。

「そうだよ、中村くん。いいこといった！」

まだ講評をつづけていた音楽の先生が、びしっとこちらを指さしていう。

場内、どっと爆笑《ばくしょう》になった。

「コンクールだから順位はついてるけど、それにこだわらなくていいの！　だいたい、合唱というのはねえ」

先生が、マイクをにぎって『合唱コンクールの真《しん》の目的』について熱弁《ねつべん》する。

さっきひそひそいってた子たちも、バツが悪くなったのか、それきりだまってしまった。

わたしはみんなにきこえないように、小声で「中村」と声をかけた。

「……ありがと」

「へっ、なにが？」

大きな声で返事されて、あわてて太ももをばしんとたたいた。

「声が大きいよっ！」

「いってえなあ。なんだよ、もう」

まわりの子たちのくすくす笑いをききながら、わたしも思わずくすっと笑う。

自分でわかっているのかどうかわからないけど、中村のこういうところ、いいなと思う。

裏表《うらおもて》がなくて、まっすぐなところ。小学生の時から、そうだった。

もう一度、いろはのほうを見た。

いろはが、こっちを見ている。

わたしがにこっと笑うと、いろはもおずおずほほえんだ。

ヒント　「バツが悪い」とは、「いごこちが悪く、はずかしい」という意味です。

ヒント　ほほえみあう「わたし」といろはは、どんな気持ちだったのでしょうか。

（宮下恵茉「なないろレインボウ」より）

問 ——線部「中村のこういうところ、いいなと思う」とありますが、「中村のこういうところ」が「わたし」の気持ちをどのように変化させましたか。次の（　①　）・（　②　）にあてはまるものを、それぞれ記号で答えなさい。

まるでふたりの責任で入賞できなかったような言い方に、（　①　）気持ちだったが、裏表がなくてまっすぐな中村の言葉によって、（　②　）気持ちになった。

ア 緊張《きんちょう》する　**イ** 腹を立たしい　**ウ** なつかしい
エ 後ろめたい　**オ** あこがれる　**カ** ほっとする

①

②

ヒント
気持ちの変化の「きっかけ」は中村の言葉です。その前後から読み取りましょう。

STEP 2

次の文章を読んで、後の問いに答えなさい。

▼答えは、別冊24ページ

パパはポンッと、パンフレットをローテーブルに投げ出した。

「①せっかくいい学校に入ったのに、もったいない」

お兄ちゃんは、苦しそうに首をふった。

「学費を出してもらって申し訳《わけ》ないと思うけど、これ以上は続けられない」

「音楽をやるなんて、世の中そんなにあまくないぞ。たった二年だ。おりしてでも学校を続けろよ。そのほうが、おまえの将来《しょうらい》のためになる」

お兄ちゃんはひざの上で、ぐっと、こぶしをにぎりしめた。

「どうしてわかってくれないんだよ。これ以上はむりなんだって……」

低くかすれた声に、胸《むね》がぎゅっとしめつけられる。

言わなきゃ、お兄ちゃんを助けなきゃ！

あたしは、トンッとテーブルに手をついた。

「あのね、あたし、※通信制の高校に行っている人に話を聞いたんだけど、その人は本気でマンガ家になるために努力してた。いろんな高校を見たけど、夢《ゆめ》をかなえるには通信制の学校が自分に合ってると思ったんだって」

パパがふんっと、鼻先で笑う。

「マンガ家なんて、また夢みたいな話だな」

「なっ」

ひどい。マチャさんをバカにして！


印つけをやってみよう！

父と兄の意見のちがいを読みとりながら、「あたし」の気持ちに——を引きましょう。そして、変化した気持ちがあれば、→でつなぎましょう。

ヒント

「通信制の学校に行っている人」の話をなぜしたのですか。

②カッと、全身が熱くなった。

「もう！　パパのために、あたしたちの未来があるんじゃないっ。二年もあるなら、しかたなく通うんじゃなくて、夢《ゆめ》に向かって努力したいよ」

パパがギッと、メガネのおくの目をあたしに向けた。

「おまえたちは、わかってないんだ。社会に出たら、学校名がモノをいうことがあるんだぞ。わざわざいいカードを捨《す》てて、ジョーカーを引くことないだろう」

「だとしても、その責任《せきにん》は自分でとるから、転入を許《ゆる》してくださいっ」

お兄ちゃんが、がばっと頭を下げる。

パパはふーっと、大きく息をついた。

「ママは、どう思う？」

あたしのとなりで、ママがぴくっと動いた。ショートカットの髪《かみ》がかすかにゆれる。

「ママは……」

言葉を区切って、真剣《しんけん》な目であたしとお兄ちゃんの顔を見た。

「そうね。結局、社会に出る道は、自分で切りひらくしかないのよね。翔大《しょうだい》が覚悟《かくご》を決めたなら、その道を進めばいいと思う」

ふたたび大きなため息をついて、パパがお兄ちゃんを見る。

「おれも通信制の高校について調べるから、もう少し時間をくれ」

「お願いします……」

お兄ちゃんは深く頭を下げた。

（中略）

あの日、家族会議が終わっても、あたしは頭に血がのぼったままだった。頭にきたまま、お兄ちゃ

母の意見はどうだったかな。

父や兄と同じなのかな。

ヒント

——線部②と、この「頭に血がのぼる」は、似たような気持ちを表していますよ。

んの部屋におしかけて、パパの悪口をぶつけた。

「ほんとにパパって、ひどいよね。自分の考えばっかり押《お》しつけてさっ」

でも、お兄ちゃんは静かに言った。

「いや、お父さんの言うこともわかるよ。名の知れた学校を出たほうが、大きな企業《きぎょう》でやっていきやすいというのは、そのとおりだろ。王道をはずれるのは※リスクがあるから、お父さんなりにおれを心配してくれてんだよ。おれだって、みんなとちがう道を進んで大丈夫かっていう不安はある」

あたしの頭がしゅーっと、急速に冷えた。

「そうなんだ……」

お兄ちゃんを助けなきゃって意気ごんでたけど、あたしこそ空《から》まわりしていたのかな。

「あたし、なにもわかってなかったんだね」

お兄ちゃんの表情がふっと、やわらかくなる。

「いや、そうでもないよ。陽菜《ひな》が『パパのために、あたしたちの未来があるんじゃない』って言った時は、ガツンときた。それでよけいに、おれは大人になってから、過去《かこ》にできなかったことを親とか、誰《だれ》かのせいにしたくないって思ってさ。自分の責任で道を選ぼうって覚悟が決まった」
③頭がぽうっとした。
あたしの言葉がお兄ちゃんをあとおしした、と思うと、くすぐったいような、誇《ほこ》らしいような気になる。それに、誰かのせいにしたくないと言いきったお兄ちゃんって……。

「なんか、かっこいい」

そう言うと、お兄ちゃんは、ははっと苦笑いした。

「まあ、ほんとにかっこよくなれるよう、がんばるよ」


（ささきあり「サード・プレイス」より）

ヒント
兄の言葉によって、気持ちが変わっていくところを読み取りましょう。

※通信制…通信教育で学習し、必要に応じて登校する制度。
※リスク…危険《きけん》。うまくいかない可能性。

問1 ――線部①「せっかくいい学校に入ったのに、もったいない」とありますが、たとえを使って言いかえている表現を、本文から二十五字以内でぬき出して答えなさい。（句読点もふくみます。）

問2 ――線部②「カッと、全身が熱くなった」とありますが、この気持ちはこの後どのように変化しましたか。それが最も表れている**一文**を本文中から探《さが》し、そのはじめと終わりの五字を答えなさい。（句読点もふくみます。）

〜

ヒント
「たとえ」とは他のものに言いかえる表現のことです。

ヒント
「カッと、全身が熱くなった」理由を考えてから、その後の変化を見つけましょう。

問3 ――線部③「頭がぽうっとした」とありますが、なぜこんな気持ちになったのですか。最もふさわしいものを次の中から選び、記号で答えなさい。

ア お兄ちゃんが、みんなとちがう道を進んで大丈夫なのかという不安を持っていることを知ったから。

イ お父さんなりにお兄ちゃんを心配していると聞いても、マチャさんをバカにしたことは許《ゆる》せないから。

ウ お兄ちゃんを助けたいと思って意気ごんでいたが、自分が空《そら》まわりしていたのではずかしくなったから。

エ お兄ちゃんから、陽菜《ひな》の言葉が覚悟《かくご》を決めるあとおしになったと言われたことを誇《ほこ》らしく思ったから。

□

6 「場面」の変化を見つけよう

強調する
つなぐ
区切る
まとめる

印つけのポイント

「場面」の変わるところに∨をつける

物語《ものがたり》にひきこまれるのは、「場面」が変わっていき、興味がつきないというところも大きいでしょう。物語の世界もそれにつれて広がっていくからです。

「場面」の変化を読み取るときには、次の三つが変化する部分に注目しましょう。

時間　**場所**　**登場人物**

これは、内容のまとまりを区切る「段落分け」にもつながります。

例

「場面」を三つに分け、∨で区切ります。

ミツオはゴロを手ばなしたくない気持ちだった。いろいろ考えたすえ、やっと村井《むらい》くんにあずけることにした。村井くんは、大の動物ずきだったし、ゴロもよくなついていた。

∨（時間の変化）夏休みに入ってすぐ、ミツオたちはひっこした。∨（場所の変化）新しい町までは、汽車で六時間かかった。静かな城下町《じょうかまち》で、ミツオたちの住む家は、思ったより広かった。

これならゴロを飼《か》えるじゃないか。ミツオは、だまされたと思った。もしかしたら、父さんはひっこしを口実《こうじつ》にして、ゴロをやっかいばらいしたのかもしれない。

場面が変わったら印をつけるとわかりやすくなるね。

時間の変化

一週間もすると、家もかたづいた。新しい町にも少しずつなれた。その夜、夕食のあとで、みんなで夕すずみをしていた。

「あれ、犬がないてるよ。」

ふと、ミツオがうちわの手をとめた。そのとたん、一ぴきの犬が庭さきにかけこんできた。

「ゴロだ。父さん、母さん、ゴロが……」

（那須正幹「名犬」より）

解説《かいせつ》

	時間	場所
場面①	夏休みの前	これまで住んでいた町
場面②	夏休みに入ってすぐ	新しい町
場面③	ひっこしてから一週間	新しい町

「時間」に注目すると、ひっこしをする前後と、一週間後のことに、また、「場所」は、ミツオの住む町が変化しています。

ミツオの犬のゴロに対する気持ちも、「場面」ごとに変化していましたね。

STEP 1

次の文章を読んで、後の問いに答えなさい。

▼答えは、別冊28ページ

印つけをやってみよう！

「場面」の変わるところに＞をつけましょう。

「三年が引退したら、おれたちの最強バッテリーで優勝狙《ねら》おうぜ」

おれは本気でそう言った。ユウキもうなずいてくれた。可能な夢《ゆめ》だった。絶対、現実になる夢だった。

あの頃、引っ越《こ》しをして転校することになるなんて、誰《だれ》が思っただろう。あの試合で、これ見よがしに円陣《えんじん》組んでいた奴らの学校に転校するなんて、ありえないだろ。まったく、むちゃくちゃな話だ。

いよいよってときだったんだ。これからってときだったんだ。三年の先輩が引退したこの時期、おれとユウキがチームをひっぱっていくはずだったんだ。

転校の話をユウキにしたのは、部活が終わったあとの帰り道だった。おれは帽子《ぼうし》を取って、ごめん！　って頭を下げた。

「は？　いきなりなにやってんの」

ユウキは笑った。

「おれ、転校することになった」

「はあ？　なに言ってんの」

またいつもの冗談《じょうだん》だと思ったらしかった。

「引っ越すことになったんだ」

真剣《しんけん》な口調で言うと、ユウキは立ち止まっておれをまじまじと見た。

「うそだろ？」

ヒント

「まじまじと」とは、「じっと見つめる様子」です。ユウキは、真剣な「おれ」の様子に、冗談《じょうだん》ではなさそうだと感じたのです。

「本当なんだ。ごめん。約束守れなくて」

「……どこに」

おれは春の試合で優勝した学校名を告《つ》げた。

「うそだろ。なんで？　だって、すげえ近いじゃん」

おれは情《なさ》けない思いをかみしめながら、家の事情を話した。ユウキは笑った。近すぎんだろーって、笑った。おれも、ネタかよっ、って自分で言って爆笑《ばくしょう》した。

ひとしきり笑い終わったおれたちは、それから、すっかり暗くなった道を二人で黙《だま》って歩いた。ぼんやりとした半月がぽっかりと夜空に浮《う》かんでいて、おれはなぜだか無性《むしょう》に泣きたくなった。

「じゃあな」

分かれ道でユウキが笑顔を見せた。残念だよ、と言ってニカッと笑った。ユウキは本当にいい奴《やつ》なんだ。

「ほんとごめんなっ！」

「ヤマトのほうがくやしいだろ。仕方ねえよ。おれたち、まだ子どもだもんな。親の都合に振《ふ》り回されるのはしょうがないよ」

ユウキはそんなふうに言った。

「また、明日な。早く寝ろよ！」

駆《か》け出して行ったユウキが振り返って、帽子を振った。

「ユウキもな！」

大声で答えて、一人で歩く帰り道。涙《なみだ》がぽたぽた落ちてきた。「また、明日な」って、毎日言い合えると思ってた。涙が笑っちゃうくらいに流れてきて、鼻水まで出てきて、おれは首にかけたタオルで何度もぬぐったんだ。

（椰月美智子「未来の手紙」より）

「登場人物」が、増《ふ》えたり減《へ》ったりしているね。

「時間」「場所」「登場人物」がポイントだったね。

問　本文を三つの場面に分けるとき、二つめと三つめの場面はどこからになりますか。最初の五字を本文中からそれぞれぬき出して答えなさい。（句読点もふくみます。）

二つめ　□□□□□

三つめ　□□□□□

STEP 2

次の文章を読んで、後の問いに答えなさい。

▼答えは、別冊30ページ

「かわいいことはくだらなくないよ」

取り立てて杏奈《あんな》を慰《なぐさ》めようとしているわけでもなく、ただ単純に事実を事実として気負いなく述《の》べただけ、という口調に意表を衝《つ》かれた。

喉《のど》に詰《つ》まっていた固まりがすうっと溶《と》ける。

「……でも、先生が」

お兄さんは目顔だけで「ん？」と訊《き》いた。その押《お》しつけがましくない促《うなが》しに、却《かえ》ってするりと言葉を引き出された。

「理科の教科書にタンポポの写真があったの」

授業は草花の造りについてのことで、身近な植物としてタンポポの写真が載《の》っていた。

印つけをやってみよう！

時間の変化に気をつけて、場面が変わるところに、∨をつけましょう。

ヒント

今現在《げんざい》、主人公の目の前にいて話をしているのはだれでしょうか。

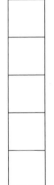

担任《たんにん》の若い女の先生は授業を進め、「何か質問はありませんか？」と生徒に訊いた。「何でもいいですよ」と。質問はありませんかと言いながら生徒を問答無用で指名するのはお約束だ。

今日は杏奈が当てられた。何か訊かなくてはいけない。

訊きたいことならあった。その写真を見ながらずっと気になっていた。――タンポポの根元に写り込《こ》んでいる、紅色《べにいろ》の星形の花。

右下のピンクのお花は何ですか？

何でも訊いていいと言った先生は、むっとしたような顔になった。そしてきつい声で言った。

授業と関係ありません。そんなくだらない雑草《ざっそう》なんかに気を散らさないの。ちゃんと真面目《まじめ》に授業を聞きなさい。

クラスみんなの前で叱《しか》られて、杏奈の心の中は大嵐《おおあらし》だった。みんなの前で叱られて恥ずかしい。真面目に聞いていたのに悔《くや》しい。自分がかわいいと思った花をくだらないと言われて悲しい。

何でも訊いていいって言ったのに。釈然《しゃくぜん》としなかったがごめんなさいと言わされた。そうして杏奈はその授業中、ずっと俯《うつむ》いていた。

顔を上げたら泣いてしまいそうだった。

と、お兄さんが明るい声で笑った。杏奈にとっては※青天の霹靂《へきれき》だ。お兄さんとは仲良くなったと思っていた。杏奈に同情してくれると思っていた。それなのに、杏奈が辛《つら》い目にあったことを笑うなんて。

だが、お兄さんは笑いながら言った。

「仕方がないなぁ、その先生は」

これもまた思いも寄らない発言で、杏奈はますます混乱《こんらん》した。先生が仕方ないって？

「許《ゆる》してあげな、杏奈ちゃん」

登場人物をしっかり把握《はあく》してね。

だれがだれと話しているのかな。

ヒント

お兄さんの態度に杏奈は困惑《こんわく》しています。

杏奈《あんな》が許《ゆる》す。叱られたのは杏奈なのに、どうして杏奈が先生を許すなんて話になるのか。

「先生さ、恥《は》ずかしかったんだよ。恥ずかしかったから怒《おこ》っちゃったんだよ」

「どうして？」

「杏奈ちゃんの質問に答えられなかったから。先生なのに質問に答えられないなんて恥ずかしいと思っちゃったんだ。だから八つ当たりしたんだ。この花の名前を知らない自分が恥ずかしいんじゃない、そんな質問をした杏奈ちゃんが悪いんだって生徒に言い訳《わけ》したかったんだ」

「そんなの……」

杏奈は唇《くちびる》を尖《とが》らせた。不満がもつれてすんなり口から出てこない。

「先生なのに。大人なのに。そんなずるいことしていいの」

「よくないよ。でも、杏奈ちゃんはずるいことしたことない？」

お兄さんに訊《き》かれて、杏奈はまた口籠《くちご》もった。今までしてきた小さなずるの記憶《きおく》が点滅《てんめつ》する。

「俺《おれ》はするよ」

いっそ堂々と宣言されて、杏奈はまた面食らった。こんなにあっけらかんとずるをすると言う大人なんか見たことがない。

「悪いことなのに」

「悪いことなのは分かってるけど、ずるいことするよ」

お兄さんは悪い人なのかな、と思ったとき、※サクラが鼻を鳴らして杏奈を見上げた。つぶらな瞳《ひとみ》に見つめられて、杏奈は思わず目を伏《ふ》せた。

ジュースの入ったマグカップを床に落としたときだ。カップの割れる音が響《ひび》いて、お母さんが「杏奈！」と声を荒《あら》げてやってくる。――その場には杏奈とサクラしかいなかった。

サクラがじゃれてきたから落としちゃった。サクラはそのころ（今でも）イタズラ盛《ざか》りだったの

ヒント

「八つ当たり」とは、腹を立てて関係のない人にまで当たったり、攻撃したりすることです。

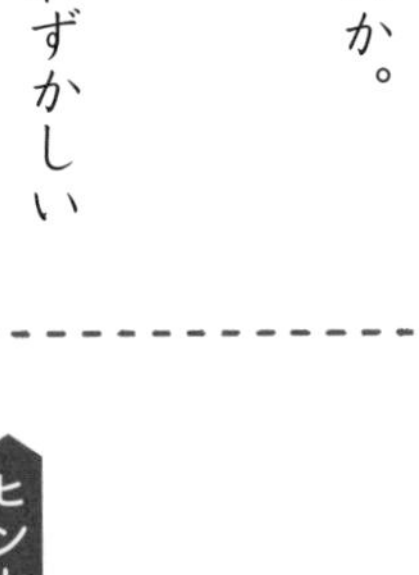

で、お母さんは杏奈の言い訳をすんなり信じた。お母さんの怒《いか》りはサクラに向かった。ペンと叩《たた》いて「ダメでしょ、サクラ！」。サクラは急に叩かれて、悲しそうにキャンと鳴いた。

その直後はサクラと目を合わせられなかった。黒いつぶらな瞳が責《せ》めているような気がした。杏奈ちゃん、何でサクラのせいにしたの。サクラ何にもしてないのに。

サクラに見つめられたら嘘《うそ》はつけない。

「……わたしも、ずるいことする」

ずるいこと仲間だ、とお兄さんは笑った。

（有川浩「植物図鑑」より）

※青天の霹靂《へきれき》…予想外のことがとつぜん起こること。

※サクラ…杏奈の家で飼《か》っている犬。

問　本文全体を五つの場面に分けると、過去《かこ》の場面が二つあります。その二つを探《さが》し、はじめと終わりの五字をそれぞれぬき出して答えなさい。（句読点もふくみます。）

一つめ　□□□□□　〜　□□□□□

二つめ　□□□□□　〜　□□□□□

杏奈のやった「ずるいこと」って何かわかるかな。

うーん。何だろう。お兄さんも仲間だって言っているね。

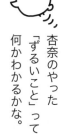

7 筆者の体験を見つけよう

強調する
つなぐ
区切る
まとめる

筆者が見たり聞いたりしたことや体験したことをもとに、感想や意見を自由に書いた文章を随筆文《ずいひつ》といいます。

随筆文では、「体験（事実）」と「感想」の部分とを読み分ける必要があります。「体験」とは、日々の生活の中や、旅先での経験のように具体的な事実を示す部分、「感想」はそれについての印象や思ったことを述《の》べている部分です。

今回は、筆者の体験が書かれているところを見つけ、印をつけましょう。

印つけのポイント

筆者の体験に〈 〉をつける

例

筆者の体験が書かれている部分に〈 〉をつけます。

体験
〈先日、とある知人から手紙をもらった。後日に顔を合わせた際、その内容について触《ふ》れたところ、「そんなこと書いたっけ」との返事。「※eメールの場合は手元に残るから、下手なことを書くと、後から読み返して後悔《こうかい》する。その点、紙の手紙はいいね。相手の元へ行ったきりだと思うと、自由にのびのび書ける」〉

そう言われてハッとした。たしかにeメールは手軽で便利でスピーディーだが、送信後も

体験と感想は違うものなので区別しようね。

メールボックスから削除《さくじょ》しないかぎりは自分の元に留《とど》まる。その「残る」ことへの煩《わずら》わしさを、私たちは常にどこかで意識しながらキーを叩《たた》いているのかもしれない、と。

（森絵都「灰になれ」より）

※eメール…パソコンや携帯《けいたい》電話を通じて行う電子メール。

解説《かいせつ》

「先日、とある知人から手紙をもらった。」という表現から、筆者の体験が述《の》べられていることがわかります。そして、その知人に会ったときに言われた言葉に対して、感じたことを述べるという流れになっています。

筆者の体験　知人から「紙の手紙は手元に残らないから、自由にのびのび書ける」と言われた。

↓

筆者の感想　**ハッとして、eメールとのちがいを考える**

このように体験（事実）を示し、感想をまとめていく構成がよく見られます。

STEP 1

次の文章を読んで、後の問いに答えなさい。

▼答えは、別冊34ページ

ぼくはベトナムで、「ホビロン」(チュンビロンとも言います)という卵《たまご》料理を初めてごちそうになって、ぎょっとしたことがあります。見た目は普通《ふつう》のゆで卵なのですが、殻《から》をむくと、孵化《ふか》直前の雛《ひな》が出てくる。「ホビロン」とは孵化しかけたアヒルの卵をゆでた食べ物なんですね。

ですから、見た目はかなりグロテスクです。でも、「うわっ、孵化しかけた卵だ。気持ちわる〜い!!」と感じてしまうのは、ぼくや多くの日本人がこのような食品を食べる習慣《しゅうかん》があまりないからにすぎません。それは刺身《さしみ》を知らない外国人が「うわっ、死んだ魚の切れ端《はし》がナマで並《なら》べてある。気持ちわる〜い!!」と感じるのと同じことです。現地《げんち》の人たちにとって、それは「孵化しかけたゆで卵」ではなく「ホビロン」という料理だから、おいしく食べることができるんですね。

最近はアメリカでも、日本食がずいぶん一般的《いっぱんてき》になり、インスタントラーメンやヌードルなどは日常食になっています。

ところが、彼《かれ》らアメリカ人の語彙《ごい》には「ソバが伸《の》びる」というのはありません。

一方、ぼくたち日本人にとって「伸びたソバ」はマズいものと決まっています。出前のソバが届いて、さあ、食べようと思った瞬間《しゅんかん》、電話がかかってきて、つい長話になり、気がついたらソバがドロドロになっていた。しかたなくハシをつけてみたけれど、やっぱりマズくて食べられない。これに似《に》た経験は多くの人がしているでしょう。

でも、「ソバが伸びる」という言葉を知らないアメリカ人にとって、ソバは何時間たっても伸びたことにはなりません。だから、彼らは日本人なら絶対《ぜったい》に口にしない伸びたヌルヌルのインスタント麺《めん》でも食べることができるんです。

印つけをやってみよう!

筆者の体験にあたる部分に〈 〉をつけましょう。

そのアメリカで日本語を教えていたときのこと。授業を終えたぼくは、

「ああ、肩《かた》がこったなぁ」

とぼやきながら、教職員室で左右の肩を自分でもんでいました。すると、それを聞きつけた同《どう》僚《りょう》のアメリカ人が不思議そうな顔でこう言ったのです。

「キンダイチ、肩がこるってどういうことなんだ？」

今度はぼくのほうが不思議がる番です。

「えっ、キミは肩がこらないの？　ホラ、机《つくえ》の前で何時間もパソコンを打ち続けていたりすると、肩がパンパンに張ってくるようなことがよくあるだろう」

「なに言ってるんだ。オレは疲《つか》れることはあっても、肩がそんな感じになったことは生まれてから一度もない。ただし、首とか背中とかが痛《いた》くなることはあるけどね」

どうも、お互《たが》いの話がかみ合いません。

では、彼は本当に肩がこらないのでしょうか？　試《ため》しにぼくがその友人の肩をもんであげたら、彼は「ああ、気持ちいい」と声を上げた。ちゃんとこっているんですよ。

「なっ、気持ちいいだろ。それはキミの肩がこっていて、それをこうやって、もみほぐしているからなんだよ」

そう説明したら、

「おお、そういうことなのか」

と、彼はようやく納得《なっとく》しました。

みなさん、この話の意味がわかりますか？

ぼくたちの話がかみ合わなかったのは、アメリカには日本人が当たり前のように使っている「肩がこる」という言葉がなかったからなんです。言葉がないから、それまで彼の肩はこらなかった。

体験は一つとは限らないよ。

いくつ出てきているかな。

ヒント
いくつかの体験が出てきても、中心となる伝えたいことは同じであることがほとんどです。

ヒント
「この話の意味」は、筆者が伝えようとしていることにつながっています。

でも、ぼくのおかげで、彼は日本には「肩がこる」という言葉があることを知った。それ以来、彼はちゃんと肩がこるようになってしまいました。

（金田一秀穂「15歳の日本語上達法」より）

問 ――線部「それ以来、彼はちゃんと肩がこるようになってしまいました」とありますが、このときの体験が述《の》べられている部分はどこですか。そのはじめと終わりの五字をぬき出して答えなさい。（句読点もふくみます。）

□□□□□ ～ □□□□□

STEP 2

次の文章を読んで、後の問いに答えなさい。

▼答えは、別冊36ページ

服を着替《きが》えると、わたしは部屋の窓《まど》を大きく開け放ち、公園の方を眺《なが》めた。葉を青々と茂《しげ》らせているあの木の下のあたりで、母は父に助けられながら細い道を行ったり来たりして自転車を練習しているはずだ。

「いいか、まだだぞ、しっかり前を向いて！」

小学校三年の夏休み、家の近くの公園で自転車を練習した。父の声が背中から飛んでくる。荷台をしっかりとその両手で支えられて、自転車は辛《かろ》うじて立っていた。

印つけをやってみよう！

筆者の体験にあたる部分に〈　〉をつけましょう。

ギュッとハンドルを握《にぎ》り締《し》め、グイと前を見つめた。よし、いまだっ。掛《か》け声とともに強くペダルを踏《ふ》み込《こ》んだ。ざざっと父の運動靴《ぐつ》が土を蹴《け》る音がする。よろよろとおぼつかない動きで、自転車は前に進み始めた。

怖《こわ》がらないで、もっと漕《こ》いでスピードを出せっ。ダメダメ、手の力を抜《ぬ》かなけりゃ。そう、大丈夫、押さえているからな、転ばないからな。そうだそうだ、いいぞ、頑張《がんば》れ。

必死でペダルを踏んだ。

手を放さないでっ、絶対放さないでよっ。

大声で叫《さけ》びながら百メートルほど先のイチョウの木に向かって突進《とっしん》する。どうにかこうにか木の下まで行き着いても、今度は方向転換《てんかん》がまた大変だ。ペダルが足から離《はな》れそうになり、そのたびにハンドルに力が入って右へ左へぐるんぐるんと曲がりそうになる。怖い。

腕《うで》の力を抜いてっ。緊張《きんちょう》した背中に父の声がかかる。

ようし、思いきって力を抜くぞ。

するとペダルは一気に早く回転するような気がした。そして次の瞬間《しゅんかん》、ふわりと軽くなった。

うわあ、どんどん行く、どんどん行く、お父さーん。

振《ふ》り返ろうとして、はっと気がついた。いま一瞬、目の端《はし》に飛び込んできたあの人影《ひとかげ》はなに？まさか……。自転車は再びイチョウに差し掛《か》かった。木の陰《かげ》に、手を腰《こし》に当てニコニコしながら立っている人がいる。お父さんだ、手を放したんだ！

そう思った瞬間、わたしは自転車ごと横倒《よこだお》しになって地面に滑《すべ》り込んだ。

したたかに股《もも》を打って泣きじゃくりながら、乗れたんだよ、もも子ひとりで走れたんだよ、と言う父の声を聞いた。

「わたし、乗れたの……？」

ヒント この文章では、時間の変化に注目するといいですよ。

ヒント 筆者の気持ちが書かれていますね。

涙《なみだ》の下から恐《おそ》る恐る問うと、そうだよ、もう支えなしで乗れるんだよ、と答える笑顔が目の前にあった。

後ろで支えてもらっているときの、振り返りたくてもそうしてはいけないような、ちょっと心細いような気持ち、それでいて温かい安心感に包まれたような気持ち。母もいま、臙脂色《えんじいろ》の真新しい自転車にまたがって、緊張に顔を紅潮《こうちょう》させていることだろう。明日は自転車で出勤《しゅっきん》できるだろうか。

高齢《こうれい》で独立した父の仕事がいまどういう状態にあって、なにが大変なのかということに、わたしはあまり関心が向かなかった。新しい会社にすら、行ってみようという気持ちにならない。同じ屋根の下で暮《く》らしていても、わたしも働いている一人前の人間なのだという気負いがあった。いつもどこかで気になりながら、日々は自分の仕事の刺激《しげき》に押し流されるようにして過ぎて行き、親という存在に思いを馳《は》せることが面倒《めんどう》になっていた。わたしは、家族に背中しか見せなくなっていた。

父は自分の会社を持てたことを、ことのほか喜んでいるように思えた。だが、母が夜中にふと目覚めると、布団《ふとん》の上に座ってひとり煙草《たばこ》を吸っている姿《すがた》がよくあったという。闇《やみ》の中で、父はなにを思っていたのだろうか。暗い塊《かたまり》のように、じっと動かぬその背中を見つめながら、母はどんな気持ちだったのか。背中を見せながら、私たちは互《たが》いにただ見守ることで精一杯《せいいっぱい》だった。

しかしそうであったとしても、背中を支えてくれる手の感触《かんしょく》を、わたしはどこかで感じていた。倒れぬように、後ろからしっかり支えられ、グイと力強く自転車が押し出される。自分一人で意気揚々《ようよう》とペダルを漕《こ》いだつもりでも、実は見えない家族の手で、外の世界に押し出されていたのだろう。

（光野桃「実りを待つ季節」より）

ヒント

筆者の心情《しんじょう》が、過去《かこ》と現在で対照的にえがかれています。

問1　筆者の小学生の時の体験が述《の》べられている部分はどこですか。そのはじめと終わりの五字をぬき出して答えなさい。（句読点もふくみます。）

～

問2　――線部「倒れぬように、後ろからしっかり支えられ、グイと力強く自転車が押し出される」とありますが、これはどんなことをたとえたものですか。二十五字以内で説明しなさい。（句読点もふくみます。）

問3　題名としてふさわしい言葉を、本文中から二字で探《さが》し、ぬき出して答えなさい。

ヒント
「小学生の時」ということは、過去の部分ですね。

ヒント
本文中、何回も出てきた言葉ですよ。

8 きっかけと「気持ち」をつなごう

強調する
つなぐ
区切る
まとめる

文学的文章［随筆］

前回は、筆者の体験に印つけをしましたが、ここでは、なぜそう思ったのか、気持ちが動いたきっかけを一緒《いっしょ》に考えてみましょう。

随筆《ずいひつ》文における「気持ち」は、筆者の体験に関係していることがほとんどです。たとえば、未知の文化について教わったり、過去《かこ》を回想したりしたことから生じた気持ちを、筆者は感じたままに自由に書くのです。

今回は「気持ち」と、そう感じたきっかけをつなぎます。

印つけのポイント

きっかけと気持ちを――→でつなぐ

例

筆者の気持ちに――を引き、そのきっかけとなる部分と――→でつなぎます。

昔、実家のあたりは、田んぼが広がっているようなのどかなところでした。それが中学の時、すぐそばに大きなショッピングモールが建つことになったんです。工事は何年も続いて、金沢市《かなざわし》の高校に自転車で通っている間も、周囲が変わっていくのを目の当たりにしていた。土の道路が舗装《ほそう》され、田んぼやビニールハウスだった土地が新しい住宅になり、どんどん地方都市になっていく。当時は、それが自慢《じまん》で、純粋《じゅんすい》に喜んでいたんです。

きっかけ（体験）
気持ち

どうしてそのような気持ちになったのかを見つけて、印をつけてみよう。

きっかけ（体験）

後になって、それが当時、日本中で一斉《いっせい》に起きていたことだったと知った。いろんな地方に行くと、

気持ち

ああうちの近くみたいって思うことがある。私が思い出すのも石川県だけの景色ではなく、同時多発していたうちのひとつだったんだ、と気づいて寂《さび》しくなりました。風景が均一化《きんいっか》されていく真っ最中だったんですね。

（本谷有希子「私だけのふるさと　作家たちの原風景」より）

解説《かいせつ》

ふるさとが地方都市に成長していくのを体験した筆者は、その光景について、昔と今とでは異《こと》なる感想を持っています。それぞれの心情と、そう感じたきっかけをあわせて読み取りましょう。

昔

きっかけ（体験）　ショッピングモールの周囲が変化

↓

気持ち　喜ぶ気持ち

今

きっかけ（体験）　日本中の風景の均一化だと知る

↓

気持ち　寂しい気持ち

STEP 1

次の文章を読んで、後の問いに答えなさい。

▼答えは、別冊40ページ

私が中高年でみごとに乗馬にハマったのは、自然界という「神の劇場《げきじょう》」に惹《ひ》きつけられたからにほかならない。そこでは共演する馬との関係に心を奪《うば》われて、自ずと煩《わずら》わしい人間関係を避《さ》けられるのが何よりだ。

馬の姿《すがた》も魅力的《みりょくてき》で、とりわけ澄《す》んだ大きな眼《め》は※浮世《うきよ》の俗塵《ぞくじん》を払《はら》ってくれる。私はその美しい眼を見る度に『ガリバー旅行記』最後の訪問《ほうもん》国を想《おも》い出す。そこには馬そっくりの人類より知的で高潔《こうけつ》な種族が登場して、主人公にさまざまな教えを垂《た》れるのだった。

そうは言っても現実にはやはり紛《まぎ》れもない動物であり、しかも犬ほどやすやすと人間に従《したが》うわけではない。よく馴《な》れたはずの馬でも日々刻々と状態が変化し、絶対に油断は禁物だ。乗馬は人が制御《せいぎょ》できない自然の脅威《きょうい》の一端《いったん》を垣間《かいま》見せてくれるスポーツでもあった。だからこそ機械文明に傲《おご》る現代人には、必要にして得《え》がたい体験と感じられるのではなかろうか。

乗馬愛好者の代弁は概《おおむ》ね以上に尽《つ》きるが、日本の場合、馬を愛好する人ならむろん競馬ファンのほうが圧倒的《あっとうてき》にメジャーだろう。馬の生産も本来は競馬での活躍《かつやく》を期待されたサラブレッドが中心である。従って日本では乗馬クラブにもサラブレッドが比較的《ひかくてき》多かったりする。わがクラブには競馬ファンならずともご存じであろう、シンボリルドルフの息子やハイセイコーの孫娘がいて、最初はそのことにびっくりさせられた。

競走馬で子孫が残せるのはごくわずかのエリートだが、その選《よ》りすぐりのエリートの子孫でも競走馬で通用しないケースのほうがはるかに多いらしい現実を、私は乗馬を通じてまざまざと知らされた。以来、人間社会でも安易な※世襲《せしゅう》など決して許されていいわけがないと思うようにも

印つけをやってみよう！

体験と感想の部分を読み分けましょう。事実や体験が書かれているところは〈 〉で囲み、感想や意見には――を引きます。

なった。

そのことに関してはまた、習い始めた頃に、とあるインストラクターから聞かされた今に忘れがたい話もある。私は馬上でそれを耳にした。ほかにも何人かが馬に乗って、ただグルグルと馬場を歩きまわっていた時のことだ。馬はいずれも競馬界の落ちこぼれのごとく緩慢《かんまん》な動きを見せていたが、インストラクターは唐突《とうとつ》に「この子たちはみんなエリートなんですよ」と穏《おだ》やかな口調で話し始めた。

サラブレッドはもともと速く走ることを目的に作られた品種なので、アマチュアの乗り手が耐《た》えられるようなスピードで走るのはむしろ難《むずか》しい。故《ゆえ》に競馬界を引退したサラブレッドの多くは、訓練を受け直しても一般人の乗用馬にはなれずに、虚《むな》しく命を落としてしまうのだという。

「ゆっくり走るようになれるのも才能です。だからこの子たちはエリートなんです」と最後は断固たる口調で締《し》めくくられた。※コペルニクス的転回ともいえるその発言を聞いて、私は自身でも意外なほど強く心を打たれたのだった。

ゆっくり走るようになれるのも才能とは、実に言《い》い得《え》て妙《みょう》で、あらゆる物事に関しての暗喩《あんゆ》ともなる。個人の生き方、組織の運営、さらには社会のあり方にも※アナロジーが適用される。

命をつなぐ方法は、何も競争で速く走って勝ち残るのみではないのだ。そうした価値《かち》観の転換《てんかん》は人を生きやすくさせるかもしれない。また地球の未来にとっても必要なことではないか、と思ったりする。

（松井今朝子「馬が教えること」より）

ヒント

「言《い》い得《え》て妙《みょう》」とは、まさにぴったりの表現という意味です。

※浮世《うきよ》の俗塵《ぞくじん》…この世の中にあるわずらわしく気が重いこと。
※世襲《せしゅう》…地位や職業などを子どもが代々受けついでいくこと。
※コペルニクス的転回…これまで常識《じょうしき》とされていたような考え方が、くつがえされること。
※アナロジー…ものごとを説明するために、似ているものをたとえにすること。

問 ——線部「私は自身でも意外なほど強く心を打たれたのだった」とありますが、強く心を打たれたきっかけは何ですか。次の文の（　A　）・（　B　）にあてはまる言葉を、それぞれの字数に合うように本文中から探《さが》し、ぬき出して答えなさい。（句読点はふくみません。）

引退後のサラブレッドは速く走ることではなく、（　A　十二字　）ことが必要だと知り、今まで持っていた自分の（　B　三字　）が変化したこと。

A　□□□□□□□□□□□□

B　□□□

ヒント
——線部の近くに、心を打たれたきっかけとなる体験が書かれています。→でつなげましたか。

STEP 2

次の文章を読んで、後の問いに答えなさい。

▼答えは、別冊42ページ

朝目を覚ますと、残念ながら昨日の夜まで鳴き声を上げていた仔羊《こひつじ》が二頭、冷たくなっていた。すかさずデルテン君がそれらの遺体《いたい》を外にある小屋の屋根にのせる。死んだ仔羊は毛皮を剥《は》がれ、肉はそのまま大地に戻《もど》される。遊牧民は死んだ獣《けもの》の肉は食べない。白い雪の上で、赤い肉がつやつやと輝《かがや》いていた。剥いだ皮は、冬場の敷物《しきもの》になるという。

家畜《かちく》なのだから当然だが、名を与えられるでもなく、お墓《はか》に葬《ほうむ》られるでもなく、死んでしまったらただ外に出され放置される。そこに、死を弔《とむら》う儀式《ぎしき》があるわけでもない。そのことに、少しだけ驚《おどろ》いた。現実だけが目の前に横たわっている。

厳粛《げんしゅく》な気持ちで※ゲルに戻ると、二頭減《へ》ったところに、また新たに一頭、生まれたての仔羊が運ばれてきた。生まれては死に、死んではまた生まれる、永遠にその繰《く》り返しである。①大地は、その営みを、静かに口を噤《つぐ》んで見守っている。

朝食後、お父さんと一緒《いっしょ》に羊達の放牧へ。夜は外の牧舎《ぼくしゃ》に入っている羊達に、草を食べさせるため連れ出すのだ。草といっても、ほとんど枯草《かれくさ》しかない。あと一ヶ月しのげば青々としたおいしい草が生えるから、とにかくがんばって生き延《の》びてほしい。羊達は、ゴツゴツとした岩山を登って行く。妊娠中《にんしんちゅう》の羊は疲《つか》れやすく歩くのが困難《こんなん》なので、お父さんとデルテン君が腰《こし》を支えて手伝っていた。

ようやく山の頂上《ちょうじょう》に着いた時、そこからの景色に思わず絶句《ぜっく》した。名付けようのない涙《なみだ》がボロボロと零《こぼ》れる。そんなに高い山ではない。多分十分くらいで着いたはずだ。それでも、ゲルの立っている場所からの景色とはまるで違《ちが》う。②三百六十度、見渡《みわた》す限りの平原に、ぽつんとお父さんの

印つけをやってみよう！

経験の部分に〈　〉をつけ、気持ちに——を引きましょう。そして、その気持ちが生じたきっかけを→でつなぎます。

ヒント

筆者が異国《いこく》の地で体験したことが、複数述《の》べられている文章です。

ゲルが立ち、煙突《えんとつ》から一筋《ひとすじ》の煙《けむり》が立ち上っている。人工物は、たったそれだけ。大地を縁取《ふちど》るように聳《そび》える山々は淡《あわ》く雪化粧《ゆきげしょう》し、黄金の海のように広がる平原には、凍《こお》った川《かわ》面《も》が悠々《ゆうゆう》とうねりながら銀色に光っている。こんなふうに地球を美しいと感じたことがあっただろうか。無条件で、生きていることが嬉《うれ》しくなる。頭の中に浮遊《ふゆう》していた塵《ちり》や埃《ほこり》が、全部一気に吹《ふ》き飛ぶようだった。それまでに自分が抱《かか》えていた悩《なや》みの、なんとちっぽけで下らなく、傲慢《ごうまん》だったこと。

すっかり心を洗われた気分で感動を胸《むね》にゲルに戻ると、お母さんがデール作りを始めていた。デールとは、伝統的なモンゴルの民族衣装《いしょう》である。冬場は放牧もなく乳搾《ちちしぼ》りもないので、家の中の手仕事として、女性はよくデール作りをするそうだ。

ただ、最近ではデールを作れる女性も減ってきているとか。お母さんは本当に働き者だった。一日中、休む暇《ひま》なく家事をこなす。けれど、遊牧民の女性達にとってはこれが当たり前。働くとは体を動かすことだと、お母さんの後ろ姿《すがた》を見ていて幾度《いくど》となく気づかされる。

一日中強い風が吹いていた。③モンゴルの春は、人にとっても家畜にとっても本当に過酷《かこく》である。それでも、そんな厳《きび》しい季節だからこそ、ゲルの中の温もりを実感する。家族は自然とストーブの周りに集まり寒さを凌《しの》ぐし、隣《とな》近所といっても一キロくらい離《はな》れているから、心を込《こ》めて客人を招《まね》き入れる。特に何も話さないのに、ゲルの中にいてじっとしているだけで、どこか心が通じ合ってくるから不思議である。同じ場所にいて同じ物を食べるのが家族だという、極々《ごくごく》当たり前の事実を、ハヤナーさん一家が教えてくれた。

たった二泊三日のホームステイだが、心の自由を知る、かけがえのない時間となった。本当は、人は生きる知恵《ちえ》さえ忘れなかったら、自分の食べ物とほんの少しの生活道具だけで、どこでも生きていけるのだ。このことを心の襞《ひだ》の奥《おく》に忍《しの》ばせておけば、いつか自分が躓《つまず》く時があっても、

環境《かんきょう》や文化のちがいが興味深いね。

筆者はそれをどのように感じているのかな。

ヒント

モンゴルの春は、私たちが一般《いっぱん》的《てき》に考える「春」とは異《こと》なるようです。

大切な何かを思い出させてくれるに違《ちが》いない。

帰り際《ぎわ》、もう一度地面に寝転《ねころ》がってみる。背中にぴったりと地球が貼《は》り付いている感覚は、何度味わっても止《や》められない。地球の鼓動《こどう》が聞こえそうだ。目を閉じて、この荒涼《こうりょう》とした大地が、一面緑になるのを想像した。それは、脳《のう》を溶《と》かすように心地よい夢《ゆめ》のような景色だった。

それでも、この極寒《ごっかん》の季節に訪れて、やっぱりよかったと思う。命は、厳しい季節の中からこそ、精一杯《せいいっぱい》の力で奇跡《きせき》的に誕生《たんじょう》するのだ。その瞬間《しゅんかん》に、立ち会うことができたのだから。

（小川糸「ようこそ、ちきゅう食堂へ」より）

※ゲル…主にモンゴル高原の遊牧民が使う、移動式の円形の住居。

問1 ――線部①「大地は、その営みを、静かに口を噤《つぐ》んで見守っている」について、次の問いに答えなさい。

A この部分に用いられている表現《ひょうげん》技法《ぎほう》を次の中から選び、記号で答えなさい。

ア 対句　**イ** 反復法　**ウ** 体言止め　**エ** 擬人《ぎじん》法

B ここには筆者のどんな気持ちが表れていますか。最もふさわしいものを次の中から選び、記号で答えなさい。

ア 生死の営みを繰《く》り返し続けてきた大自然を思い、胸《むね》が熱くなる気持ち。

イ 遊牧民の生活では、生と死が身近にあるということにおびえる気持ち。

ウ 大地に放置された羊に対し、自分は無力で何もできず歯がゆい気持ち。

エ 生命を育む自然に感謝しつつ、残酷《ざんこく》な事実を受けとめられない気持ち。

ヒント

「体言《たいげん》止め」の「体言」は、名詞《めいし》のことです。基本的な表現技法については理解しておきましょう。

問2　――線部②「三百六十度、見渡《みわた》す限りの平原に、ぽつんとお父さんのゲルが立ち、煙突《えんとつ》から一筋《ひとすじ》の煙《けむり》が立ち上っている」とありますが、この「ゲル」は何を暗示していると考えられますか。本文中から十字で探し、ぬき出して答えなさい。（句読点はふくみません。）

□□□□□□□□□□

問3　――線部③「モンゴルの春」とありますが、春にホームステイを経験した利点は何ですか。本文中から**ひと続きの二文**を探《さが》し、そのはじめと終わりの五字をぬき出して答えなさい。（句読点もふくみます。）

□□□□□～□□□□□

ヒント
――線部②の中に登場する「対比」に注目しましょう。

9 筆者の意見を見つけよう

強調する
つなぐ
区切る
まとめる

印つけのポイント

筆者の意見に——を引く

筆者の最も言いたいこと（要旨《ようし》）を読み取るには、**中心となる段落**を探《さが》します。それは文章の最初か最後にあることが多いですが、例外もあります。

まず、筆者が考えを述《の》べている文を文末で見分けます。

……と思う。
……と考える。
……かもしれない。
……べきだ。
……しなければならない。
……ではないか。

このような文末表現には、必ず印をつけましょう。それをもとにまとめの中心段落を見つければ、要旨もつかめるはずです。

例

筆者の意見が表れている一文に——を引きます。

小さな隕石片《いんせきへん》が、太陽系の年齢《ねんれい》やその誕生《たんじょう》のいきさつ、わたしたちのすむ地球をはじめ、太陽や惑星《わくせい》たちの化学組成、進化、生命のひみつなどのなぞをときあかすための、重大なかぎをとじこめた大きな〝宇宙の玉手箱《たまてばこ》〟であることが明らかになったのは、ほんの最近のことです。

宇宙から重大なメッセージをたずさえてやってきてくれる訪問者《ほうもんしゃ》、隕石には、いま、あらゆる分野の科学者たちの熱いまなざしがそそがれています。将来、この研究には、みなさんにも、ぜひくわわってもらいたいと**ねがっています**。わたしがこの本で紹介《しょうかい》した流れ星や隕石のことがらについて、ほんとうは、まだまだわからないことが、山ほどあるからです。

筆者の意見

（藤井旭「科学のアルバム 流れ星・隕石」より）

文末表現に注意して線を引いていこう。

解説《かいせつ》

隕石《いんせき》について書かれた文章です。「ねがっています」という文末表現は見つけられましたか。これをふくむ一文に、筆者の意見が表れていました。同じ段落に着目すれば、「将来みなさんにも隕石の研究をしてほしい」という要旨をつかむことができますね。

STEP 1

次の文章を読んで、後の問いに答えなさい。

▼答えは、別冊46ページ

新聞を普通《ふつう》に読むことができて、その内容を人に話すことができるというのが、日本人として身につけておきたい標準的《ひょうじゅんてき》な日本語レベルだといえます。

難《むずか》しい医学書や哲学書《てつがくしょ》が読めないとしても、それは日本語力の問題ではありません。医学や哲学の専門知識がないから、理解できないだけです。しかし、新聞が読めない、書かれていることが理解できないとなると、これは日本人としてかなり心配な日本語力ということになります。

中学生なら、もうすでに新聞が普通に読める日本語力を備えていて当然です。（中略）

最近の新聞は、記事の近くに用語解説の欄《らん》が設《もう》けられているものが多いので、記事の内容を理解しやすくなっています。毎日、新聞を読むことが、日本語の足腰《あしこし》をしっかり鍛《きた》えることにつながります。

私が小学校の高学年のとき、担任《たんにん》の先生が新聞を使った授業をしてくれたことがあります。それは、新聞の社説を読むという授業でした。社説は、その新聞社の考え方を示す記事です。いろいろな新聞の社説を切り取って並《なら》べ、くらべながら読んでみると、同じニュースに対して、新聞によって考え方がかなり違《ちが》うことがわかります。

このように、新聞を比較《ひかく》して読むことによって、メディアリテラシーを養《やしな》うことができます。メディアリテラシーとは、新聞やテレビなどのメディアが発信する情報を読み解《と》き、見極《みきわ》める能力のことです。

まず、メディアが何を言っているのかを理解し、そのうえで、それがどんな意図で発信されているのかを判断することが必要です。

印つけをやってみよう！

筆者の考えが表れているところに——を引きましょう。その際には、文末表現に気をつけて読みましょう。

「日本語の足腰《あしこし》をしっかり鍛える」というのは、たとえだね。

どういうことを言いたいのかな。

たとえば、ある人物を応援《おうえん》しているメディアなら、その人が人気を得《え》られるように、その人に関するいい情報を発信することもありえます。逆に、ある人物を批判《ひはん》しているメディアなら、その人の人気が落ちるような、その人に関するマイナス情報を発信することもありえます。

「このメディアは、こういう立場だから、こう言っているんじゃないか」

「ここを強調するのは、こんなねらいがあるんじゃないか」

というふうに、情報の裏《うら》を読むことです。

そうした客観性をもって情報を読み取ることが、メディアリテラシーです。これは現代において、国際的に必要とされている能力です。

一人ひとりがメディアリテラシーを高めること、そのための訓練《くんれん》を早いうちから行うことが大事です。図書館などで複数《ふくすう》の新聞を読み、同じニュースをどのように扱《あつか》っているか、どのような記事になっているかを確《たし》かめることから始めてみましょう。

（齋藤孝「国語は語彙力！　受験に勝つ言葉の増やし方」より）

問　新聞を読むことで、どんな力が身につくと筆者は考えていますか。本文中から四字と九字で探《さが》し、それぞれぬき出して答えなさい。（句読点はふくみません。）

□□□□・□□□□□□□□□

ヒント　まとめとなる中心段落を探しましょう。

ヒント　筆者は、新聞を毎日読むことと、複数の新聞を読むことをすすめていましたね。

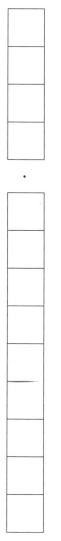

STEP 2

次の文章を読んで、後の問いに答えなさい。

▼答えは、別冊48ページ

例えば夏の夕暮《ゆうぐ》れどきに、水田が広がる風景を眺《なが》めていると、刻々《こくこく》と変化していく自然美に圧倒《あっとう》されるようなときがあります。水田や隣接《りんせつ》する山々の緑が、変化する風と光に呼応《こおう》するかのように、異《こと》なる表情を瞬時《しゅんじ》に次々と創《つく》り出す様は、里山《さとやま》独特の風景美といえるのだろうと思います。力強く見えたかと思うと、突然《とつぜん》※たおやかにも見えるその美しさは、手入れがいき届き生き生きと広がる緑田の下に張られた水に存在《そんざい》する無数の生命力が、懸命《けんめい》に支えているのだと思えてなりません。

ところが耕作を放棄《ほうき》したり、また近くに人が住まなくなったりしたとたんに、景色の美しさは色あせ、里山とは呼《よ》べない風景に変わっていきます。人々が自然に対して、協調性を維持《いじ》しながら前向きに関与することをやめてしまうと、里山から荒《あ》れ野へ逆戻《ぎゃくもど》りしていくスピードは速いようです。

そこにある生物は、まず植物が生存本能をむき出しにして、勢力争いに明け暮《く》れるように見えます。一年もすれば、どこからやって来たのか、繁殖力《はんしょくりょく》の強い植物が※跋扈《ばっこ》し始めます。いったん放置してしまうと、人々が関与していたときほどの動植物の多様性が保たれるとは限らないようです。

元は水田であったところも、人が水を供給し続け、余分な雑草《ざっそう》を排除《はいじょ》してやらない限り、里山に見られるような水生動物の棲《す》みよい環境《かんきょう》にはなれないのです。水はけの悪い草地になるか、乾《かわ》いた荒地《あれち》となって、水生動物を排除《はいじょ》してしまいます。

私のふるさとでは、里山という言葉にふさわしかった風景が、わずか三、四十年の間に山裾《やますそ》に

印つけをやってみよう！

事実をもとに説明している部分と、筆者の意見を区別しながら読み、筆者の考えが表れているところに——を引きましょう。

ヒント

「……だろうか」「……かもしれない」というようなあいまいに思えるような文末表現にも、筆者の考えが表れていることがあります。

近い周辺部からしだいに消滅《しょうめつ》し、荒れ野に変わってきているところがあります。出張のときに電車の窓から眺《なが》めた九州各地の農村にも①同様な光景が増えてきたように思えます。強い植物がはびこり、かつて見慣れた調和美とは程遠《ほどとお》い景色が出現しているのです。小川も荒れ、魚たちがどれほど生き残っているのか、疑問に思えます。

人々が放置してから、開墾《かいこん》を始める前の、文字通りの原野《げんや》のような天然の自然状態に戻《もど》るまでには、気の遠くなるような時間を必要とするのでしょう。人々が原野を開拓《かいたく》し続け、調和のとれた里山という環境になるまでに、気の遠くなるような長い歴史が必要だったように。

はるか遠い将来《しょうらい》においては、豊かな天然の環境が復活する可能性があるとしても、それまでの長い期間は、放置され※無軌道《むきどう》に荒れ果てた山林やかつて田畑であった荒地が、踏《ふ》みとどまって耕作を持続しようとする人々の暮らしに、②しっぺ返しをするような気がしてなりません。

私のふるさとでも、竹などの植物がかつての限定域《げんていいき》を超《こ》えて急速に勢力を拡大《かくだい》し、使っている農作地までをも※侵奪《しんだつ》していく光景は珍《めずら》しくありません。※植生《しょくせい》が乱れた山肌《やまはだ》はもろく弱くなり、大雨に耐《た》えられなくなって各地でずり落ち地肌をさらけ出すようです。

そして山林域《さんりんいき》の保水《ほすい》力が落ちてしまった結果、川は、晴天が続くとすぐに干上《ひあ》がり、大雨が降るとたちまち増水して一気に流れ下るようになります。そうなると川と田畑の間にかつてはあった良好な関係が維持《いじ》できなくなり、農作を営《いとな》む人々は水の確保《かくほ》に苦労を強《し》いられることになります。

農村を受け継《つ》ぐ人々が減り、せめて平坦地《へいたんち》の広く使いやすい農耕地だけを守ろうとしても、そう単純《たんじゅん》にうまくはいかなくなるのです。日本のような平野部の少ない国土においての水田耕作は、周辺の山間部までも絶《た》えず意識し管理しながら営まないと、成り立ちにくいのだと思います。

（松尾政信「記憶スケッチ　川と魚と水の風景」より）

ヒント
「調和のとれた里山」が、現在《げんざい》どのようになっているのかを読み取りましょう。

ヒント
筆者のふるさとを具体例としてあげています。

※たおやか…やわらかくやさしい様子。
※跋扈《ばっこ》…ここでは勢《いきお》いよく育つこと。
※無軌道《むきどう》…常識《じょうしき》からはずれていること。
※侵奪《しんだつ》…他人のものや利益《りえき》をうばうこと。
※植生《しょくせい》…ある場所に生育している植物全体のこと。

問1 ——線部①「同様な光景が増えてきた」とありますが、その原因は何ですか。次の文にあてはまる言葉を本文中から十六字で探《さが》し、ぬき出して答えなさい。（句読点はふくみません。）

自然に対して□□□□□□□□□□□□□□□□することを人間がやめてしまい、調和がとれなくなったから。

「同様な光景」とは、どんな風景のことかな。

筆者はよい光景だとは思っていないようだね。

問2　――線部②「しっぺ返しをする」とありますが、どういうことが起こるのですか。その内容として最もふさわしいものを次の中から選び、記号で答えなさい。

ア　人間が里山を作ったことによって、動植物たちが生き残れなくなること。

イ　水の確保《かくほ》に苦労するようになるなど、農作を営むことが困難《こんなん》になること。

ウ　自分のふるさとだと実感できる場所を、人々が失ってしまうということ。

エ　日本社会では、農村を受け継《つ》ごうという希望者が少なくなっていくこと。

□

問3　筆者の最も言いたいことが書かれている**一文**を本文中から探《さが》し、そのはじめと終わりの五字をぬき出しなさい。（句読点もふくみます。）

□□□□□　〜　□□□□□

10 「キーワード」を見つけよう

強調する　つなぐ　区切る　まとめる

説明的文章の読み取りでは、まず、この文章は何について書かれているのかという、**話題**をとらえることが大事です。話題は、くり返し出てくる言葉「**キーワード**」、つまり、読み取りのカギとなる言葉に注目することで見つけられます。「キーワード」に印をつけ、そこから**文章全体の話題**をつかみましょう。

印つけのポイント

「キーワード」に（　）をつける

例　**各段落のキーワードに（　）をつけます。**

1　日本の※省エネ技術《ぎじゅつ》は世界トップレベルです。雪そのものは発電しませんが、ためておけば冷房《れいぼう》や冷蔵《れいぞう》のために利用でき、電気の使用量を大幅《おおはば》に削減《さくげん》できます。雪という存在《そんざい》は、省エネ技術の中にしっかりと組み込んでいくべきだと思います。

2　最近は、少しずつ自然エネルギーも注目されていますが、まだまだエネルギーの主流は石油や天然ガスなどの化石燃料です。けれど、それらのエネルギー源は遠い外国の地中深くから掘《ほ》り出され、わざわざ運んでこなければならないものなのです。

3　一方、雪はどうでしょうか？　お金を一円も払わなくても、冬になると空から降《ふ》ってくる自然の贈《おく》りものです。純国産《じゅんこくさん》であり、再生可能な資源なのです。資源の少ない日本で、

キーワードに印をつけると話題がはっきり見えてくるね。

この豊富なエネルギーを利用しない手はないはずです。

（伊藤親臣「空から宝ものが降ってきた！　雪の力で未来をひらく」より）

※省エネ…エネルギーをむだなく上手に使うこと。省エネルギーの略。

解説《かいせつ》

キーワード

1段落　雪

2段落　エネルギー

3段落　雪・エネルギー

話題

「雪」

「エネルギー」

「雪」と「エネルギー」という言葉が、くり返し出てきますね。

現在《げんざい》の「エネルギー」の主流は、外国の化石燃料ですが、「雪」を利用する場合の良い点について書かれています。

つまり、この文章の話題は「雪」、さらにくわしく言うと「雪のエネルギー」となります。

STEP 1

次の文章を読んで、後の問いに答えなさい。

▼答えは、別冊52ページ

スイカの原産地はアフリカの砂漠《さばく》地帯である。アフリカは現在《げんざい》でも、貴重《きちょう》な水分の補給源《ほきゅうげん》としてスイカを大切にしているという。砂漠に住む人々にとってスイカは水がめの役割を果たしているのだ。

砂漠のような厳《きび》しい環境《かんきょう》条件《じょうけん》の中で、スイカが苦労をして水分たっぷりの甘《あま》い果実を実らせるのにはわけがある。実は鳥や動物に食べてもらおうとしているのである。

飢《う》えた虎《とら》にわが身を与えたという※釈迦《しゃか》さながら、砂漠で果実を与えるとはなんという慈《いつく》しみの心だろう。現代で言えば、お腹《なか》のすいた人に自らの顔を食べさせるアンパンマンのようなヒーローなのだろうか。

もちろん、スイカがなんの見返りもなく、果実を食べさせているはずはない。甘く熟《う》れたスイカにはあるたくらみがあるのだ。スイカの果実をむさぼり食べた動物や鳥は、スイカの種もいっしょに飲み込《こ》んでしまう。これこそスイカのもくろみなのだ。そして、スイカはお腹の中を通り抜《ぬ》け、糞《ふん》といっしょに体外へ出るのである。

植物は動物のように自由に動けないが、行動範囲《はんい》を広げるチャンスが一つだけある。それが種子である。タンポポの種子は綿毛《わたげ》で風に乗って遠くへ飛んでいくし、オナモミの種子はとげとげした実で衣服に引っかかって遠くへ運ばれていく。スイカの種子が好んで鳥や動物の体内に入りたがる理由も、まさにここにある。スイカの種子は食べられて、動物や鳥にあちらこちらへ運ばれる。だから、スイカの種子は食べられなければいけないのだ。

もちろん、まんまと食べてもらったスイカの種が、胃《い》の中で芽を出したり、盲腸《もうちょう》に引っかかる

印つけをやってみよう！

中心になる「話題」を考えながら読み、何度も出てくる「キーワード」に◯をつけましょう。

キーワードは見つかったかな。

たくさん印がつけられたよ。

ようなヘマをするはずはない。それどころか、スイカの種子はできるだけゆっくり時間をかけて胃腸を通り、体内にとどまるようにしているという。そうすることで、少しでも遠くまで運ばれようとしているのだ。胃の中も腸の中も、まったく平気なのだ。なんという余裕《よゆう》だろう。

そういえば、スイカ独特の縞模様《しまもよう》も鳥や動物に見つかりやすいように発達したと言われている。そこまでしても、スイカは食べてもらいたいと思っていたのである。そう考えると、種を食べずに器用に吐《は》き出してしまう人間は、ずいぶん迷惑《めいわく》な存在《そんざい》だ。

スイカだけでなく、多くの植物が鳥や動物に食べられて種子を運ぶという作戦を選んでいる。食べられるような果実をつける植物は、ほとんどが果実といっしょに種子を食べさせて、種子を遠くへ運んでもらおうとしているのだ。

例えばリンゴやモモ、カキ、ミカン、ブドウなど木の上で熟《じゅく》した果実は赤色、橙色《だいだいいろ》、桃色、紫色《むらさきいろ》のように赤系統の色彩《しきさい》をしていることが多い。これは鳥が赤色をもっとも認識《にんしき》するからである。一方、熟していない果実は緑色をしていて苦い。種子が未熟なうちに食べられては困《こま》るので、苦味物質を蓄《たくわ》えて果実を守っているのである。種子が熟してくると、果実は苦味物質を消去し、糖分《とうぶん》を蓄え甘くおいしくなる。そして、果実の色を緑色から赤色に変えて食べ頃《ごろ》のサインを出すのである。「緑色は食べるな」「赤色は食べてほしい」。これが、植物が鳥や動物と交わした色のサインである。

（稲垣栄洋「植物の不思議な生き方4」より）

※釈迦さながら…まるで釈迦（仏教をひらいた人物）のように。

果実の色には
意味があるんだね。

「色のサイン」を
考えてみよう。

問　——線部「甘く熟《う》れたスイカにはあるたくらみがある」とありますが、どのようなたくらみがあるのですか。次の文にあてはまるように、本文中から十二字でぬき出して答えなさい。（句読点はふくみません。）

果実を鳥や動物に食べさせて、

□□□□□□□□□□□□

というたくらみ。

ヒント　「たくらみ」とは「計画」という意味です。

STEP 2

次の文章を読んで、後の問いに答えなさい。

▼答えは、別冊54ページ

「かつては、①深海には、ましてやその海底下などに生物がいるはずなどないと、ずっといわれていました」

なぜなら、日光がないと生物は生きられないと考えられていたからだ。

ところが一九七〇年ごろに、光が届《とど》かない真っ暗な深海に、エビやカニ、貝などが、群《む》れをつくって生きているのが見つかったのだ。

そうした生物が見つかるのは、海底下のマグマにあたためられた、熱い海水がふきだす場所だった。その熱水には、マグマにふくまれるいろいろな物質《ぶっしつ》が溶《と》けこんでいる。それらが深海の冷たい海水で冷やされてかたまり、海底にえんとつのような形に積もる。このえんとつ、英語でチム

印つけをやってみよう！

何について書かれている文章なのかを考えながら読み、キーワードに◯をつけましょう。

ニーとよばれる場所のまわりに、深海の生物が集まって暮《く》らしているのだ。

ふきだす熱水の中には、硫化水素《りゅうかすいそ》がふくまれている。硫化水素は猛毒《もうどく》だが、おどろくことに深海のカニやエビや貝の体内には、硫化水素からエネルギーをつくりだす微生物《びせいぶつ》がいて、それらを栄養源《えいようげん》にしているのだ。

「一九九〇年代に入り、深海の海底下を掘《ほ》ってみたら、こうした微生物がぞくぞく発見されるようになったのです」

諸野《もろの》研究員が、※高知《こうち》コア研究所で深海の海底下の生き物を研究し始めたのは、二〇〇六年からだという。

「海底下にいる微生物は、ほとんどが一ミリメートルの千分の一以下の大きさです。最初は、この微生物が深海底の泥《どろ》の中にどれくらいいるのかを、数えてみようとしたのです。

そのころはまだ、顕微鏡《けんびきょう》でのぞいてそれらしいものを探《さが》し、数えていく方法しかありませんでした」

すると、キャラメル一個の大きさの中に、十億《じゅうおく》個の微生物がいるという結果が出たのだ。それまでの常識《じょうしき》をくつがえす多さで、事実なら大発見だ。

でも、諸野研究員は首をかしげた。

「この数はほんとうに正しいのだろうかと、なやみました。微生物でないものまで数えてしまうかもしれない危険《きけん》があったからです」

そこで、泥の中から微生物だけをよりわけることができないかと、あれこれ試《ため》しているうちに、諸野研究員はDNAに注目した。DNAとは、生物の特徴《とくちょう》を子孫《しそん》に伝えるための物質だ。

これが細胞内《さいぼうない》にあれば、生物だとわかる。

「そこで、掘りだした泥の中に、DNAを緑色に光らせる薬を入れてみました。泥やごみなどは

ヒント

キーワードが見つかったら、その語をふくんだ少し長めの表現にも印をつけてみましょう。

「首をかしげた」とあるね。

結果に納得《なっとく》していないということだよ。

黄色に光ります。次に、二つの光を映しだした画像を、緑色の光だけのものと黄色の光だけのものにわけます。そして、緑色だけの画像をコンピューターに読みとらせて、計測させました」

すると、微生物《びせいぶつ》だと思っていたうち、九十九パーセントが生物ではないとわかったのだ。

こうして、②微生物の数をほぼ正確に数える方法を、諸野《もろの》研究員は世界ではじめて編《あ》みだしたのだ。今も、これ以上の数えかたは考えだされていないという。

「これで、海底下の微生物の数を正しく計測できるようになりました。ところが、DNAを光らせただけでは、生きているかどうかを判断できません」

DNAは、死んでからもしばらく、細胞内《さいぼうない》に残っているからだ。

（山本省三「深く、深く掘りすすめ！〈ちきゅう〉世界にほこる地球深部探査船の秘密」より）

※高知コア研究所…高知《こうち》県にある研究所。「コア」とは、海底下を掘《ほ》りすすみ、岩盤《がんばん》や地層《ちそう》を細い柱のようにくりぬいたもの。

問1　この文章は何について書かれていますか。解答欄《らん》に合うように十字以内で答えなさい。（句読点はふくみません。）

について

問2　――線部①「深海には、ましてやその海底下などに生物がいるはずなどない」とありますが、実際はどのようなところに生息していましたか。本文中から二十七字で探《さが》し、その最初の五字をぬき出して答えなさい。（句読点はふくみません。）

ヒント　キーワードを組み合わせてみましょう。

問3 ――線部②「微生物の数をほぼ正確に数える方法」とありますが、諸野研究員はどのような点に注目してその方法を考え出したのですか。説明しなさい。

ヒント

「どのような点」と聞かれているので、「～点。」で終わるようにまとめましょう。

11 「問いかけ」と「答え」を見つけよう

強調する
つなぐ
区切る
まとめる

説明的文章［説明文・論説文］

印つけのポイント

「問いかけ」と「答え」に——を引き、→でつなぐ

文章中に「○○を知っていますか」などとたずねるような表現を見たことがあるでしょう。クイズのように聞かれると読み手は興味を持ちますし、「○○」についてこれから話しますよという筆者からのサインでもあり、「○○」が文章全体の話題であることが多いです。

なぜ「問いかけ」をするのかというと、その「答え」が重要だからです。「問いかけ」があったら、「答え」を探《さが》しながら読み、それらに印をつけるようにしましょう。

例

「問いかけ」と「答え」に——を引き、→でつなぎます。

日本では四百年以上も前から花火が楽しまれていましたが、そのころは、だいたい色の火花しか出すことができませんでした。

いろいろな色が出せるようになったのは、明治《めいじ》時代になって、外国から花火が輸入《ゆにゅう》されるようになってからのことです。

問いかけ
では、どうやって、いろいろな色の火花が出せるのでしょうか。

「問いかけ」に対する「答え」を見のがさないように線を引いていこう。

花火の中には、「火薬《かやく》」という粉《こな》が入っています。火薬は、木炭やイオウ、それにしょう石という薬品などを細かい粉にして、混《ま》ぜ合わせたものです。これが燃《も》えて火花が出ます。
でも、火薬だけだと、いろいろな色の火花は出せません。
そこで、火薬に何種類かの金属《きんぞく》の粉を混ぜます。（答え）この金属の粉が燃えることでいろいろな色が出るのです。

（大山光晴「なぜ？　どうして？　科学のお話　6年生」より）

解説《かいせつ》

問いかけの文の文末表現は、「……ですか。」「……だろうか。」「……でしょう。」など、疑問《ぎもん》の形になっています。

問いかけ　**どうやって、いろいろな色の火花が出せるのでしょうか**

答え　金属の粉が燃えることでいろいろな色が出る

話題は、花火の色についてでしたね。かつて一色だった花火がいろいろな色が出せる理由を読み手に問いかけ、それに答えることで、理解しやすい文章の展開になっています。このような「問いかけ」と「答え」の流れは、よくあるパターンです。

STEP 1

次の文章を読んで、後の問いに答えなさい。

▼答えは、別冊56ページ

　サハラ砂漠《さばく》の南部では、異常《いじょう》な※干《かん》ばつにより、多くの家畜《かちく》が死に、うえや栄養失調でたくさんの人が苦しみました。そして今、また干ばつやうえがアフリカ各地をおそっています。このような場所は、たいてい砂漠周辺の土地です。それまで農地や牧草地だったところから緑がなくなり、砂漠になってしまったのです。

　なぜ砂漠が広がっていくのでしょう。一つには気候の変化が考えられています。気候がだんだん乾燥《かんそう》しているらしいのです。しかし、砂漠化をいっそう早めているのは、人間のまちがった自然利用です。

　アフリカでは、第二次世界大戦後、人口がきゅうにふえました。そのため農地がひらかれ、家畜の数もふやされました。輸出《ゆしゅつ》用の作物をつくるために、大規模《だいきぼ》な土地開発もされました。作物や家畜をうるおすための井戸《いど》がほられ、水路もつくられました。

　ところが、収穫《しゅうかく》をあげるために土地を無理に使うので、やがて作物もとれなくなりました。農地にひいた水のあつかい方がわるい土地では、塩害《えんがい》もおきました。強い日ざしで水が蒸発《じょうはつ》するときに、地表付近に塩分が結晶《けっしょう》するのです。その結果、作物も育たない、不毛の土地になってしまいました。

　一方、農地を広げた分、家畜たちが草を食べる土地がへりました。牧草地がへったのに、家畜の数がふえたのですから、草はたちまちなくなります。

　そんなところに、たびかさなる日でりがつづき、この地帯は緑を失い、砂漠が広がっていったのです。

印つけをやってみよう！

問いかけている文、その答えにあたる部分に——を引き、→でつなぎましょう。

ヒント

答えの根拠《こんきょ》（理由）にあたる内容を、ていねいに読み進めましょう。

今、世界では毎年、九州と四国をあわせた面積の土地が砂漠になっているともいわれています。砂漠周辺の土地だけではありません。熱帯のジャングルに広がりつつある砂漠もあります。

熱帯のジャングルは、雨は豊富です。でも、木を切ってしまうと、むきだしになった表面の土を、はげしい雨があらい流してしまいます。そして、強い日ざしが、草木もはえない土地にしてしまうのです。

世界の陸地のうち、作物がとれる土地は六分の一の面積もありません。現在《げんざい》、地球の人口は六十億人をこえています。そして、これからも、ふえつづけるだろうといわれています。それだけの人間が生きていくためには、もうこれ以上、地球に砂漠をふやすわけにはいきません。

そのためにも、広がりつつある砂漠をくいとめるだけでなく、今ある砂漠も積極的に、緑のおいしげる土地にしていく必要があります。

（片平孝「科学のアルバム　砂漠の世界」より）

※干ばつ…長い間雨が降らず、農作物などに必要な水が不足すること。

問　——線部「広がりつつある砂漠」とありますが、その原因を本文中から二つ探《さが》し、ぬき出して答えなさい。（句読点はふくみません。）

●

●

「問いかけ」と「答え」に印はつけられたかな。

筆者が読者のみんなに考えてほしいことだよ。

STEP 2

次の文章を読んで、後の問いに答えなさい。

▼答えは、別冊58ページ

印つけをやってみよう！

「問いかけ」と「答え」に――を引き、→でつなぎましょう。そして筆者の最も言いたいことを読み取りましょう。

社会で本当に成功する人ってどんな人なのだろう？

最初にクギを差しておくけれど、有名大学に入学することだけを目標にしている人は、大学の2～3年ぐらいで成績が伸《の》びなくなる。目標が達成された時点で燃え尽《つ》きてしまう。でも、人生というのは大学を卒業した後が本番で、受験時なんてまだスタートラインにも立っていない。じゃあ、①成長を止めないためにはどうすればいいか。

ひとつは、オリジナルで考えているかということ。答えを見て安心するのではなくて、「絶対にこの解法とは違《ちが》う方法で解いてやろう」と思ってほしい。解法なんて無限《むげん》にある。教科書に書いてあるやり方が一番いいとは限らない。だから、常《つね》にオリジナルな方法を編《あ》み出してほしい。教科書のスマートな解法なんかよりもダサくて全然かまわないから。違う方法を見つけられるかどうか。これが大学に入ってから伸びる力のひとつ。

それと、何事も曖昧《あいまい》にしないでほしい。わからないまま曖昧に進んでいると、いつか足元をすくわれる。※砂上《さじょう》の楼閣《ろうかく》という言葉があるけれど、まさにそういうこと。足元がしっかりしていなければ、どんなに立派《りっぱ》な建物でも崩《くず》れてしまう。数学であろうと理科であろうと国語であろうと、教えてくれる先生はたくさんいるわけで、いろいろな本もあれば聞く機会もある。絶対に食らいついて絶対に自分が理解するまでやってほしい。その根性《こんじょう》が大事。むしろ先生を困《こま》らせるぐらい、「もう来るな」と怒《おこ》らせるぐらいのガッツで食らいつくこと。

こういう頭の体力を身につけるために、とりわけ大事にしてほしいのは「多段思考力」。つまり、一段だけじゃなくて何段にも考え続けられる論理《ろんり》の力。これが一番大事なんだ。例えば、「今晩《こんばん》何を食べようか」と思った時に、パッと「カレーが食べたい」と思いつく人は残念ながら単段思考。一段しか考えていない。一方、「昨日は肉を食べたから今日は魚にしよう」とか考える人は二段思考といえる。そこからさらに「明日はパーティーがあっていっぱい食べるから、今日はちょっと時間を遅《おそ》くする代わりに少なめにしよう」なんてあれこれ考えている人は多段思考。この3人、将来《しょうらい》大きく健康状態に差が出てくる。これ、冗談《じょうだん》じゃないから気をつけて（笑）。

　将棋《しょうぎ》なんてまさに［1］思考のせめぎ合いの世界だ。以前、ある女流棋士《きし》の方に「何手先を読んでいますか」という質問をぶつけてみた。何手だと思う？　実に「100手」だという答えが返ってきた。100手先なんて、ほとんど勝負がついていてもおかしくない。こりゃお手上げだ。100手読んで指している人に勝てるわけがないよね。スポーツの世界なんかも同じ。サッカーであの人にボールをパスしたらここが開くからそこに走り込《こ》んで……なんて考えられるチームが絶対的に強い。要するに、プロフェッショナルな人はそれだけ②いろいろなバリエーションを考えてやっているということ。少なくとも、どんな分野でも大成したければ最低［2］以上の思考力は持っておかなきゃいけない。

　最近は面倒《めんどう》くさがりが増《ふ》えてきている。これはテレビもいけない。テレビに出ると、ディレクターから「説明は［3］にしてください」なんて言われてしまう。要するに、大学の先生は説明が長いからダメなんだということ。それじゃまどろっこしいから、「AだからBなんだ」と全部言い切ってくださいというわけ。「Aになるけど、もしBだったらCになる。Dの場合だったらEですよ」なんて言うと全部カットされる。でもそれじゃダメ。こういう単段思考は「タブロイド思考」とも呼ばれている。週刊誌《しゅうかんし》やスポーツ新聞といったタブロイド紙には、「AはBだ」と短《たん》絡的《らくてき》に書いてある。分かりやすいからみんな飛びついてしまうのだけれど、そうすると思考回路が劣化《れっか》しちゃう。いろんな可能性を放棄《ほうき》することで解決策《かいけつさく》が狭《せば》められちゃう。

ヒント　具体例を挙げて、思考のちがいを説明しています。

ヒント　将棋《しょうぎ》の「手」とは、盤《ばん》の上の駒《こま》を動かしたり打ったりすることです。

ヒント　テレビ、週刊誌《しゅうかんし》やスポーツ新聞について、筆者はどのような印象を持っていますか。その理由も考えましょう。

勉強していても何にしても、面倒くさいと思う瞬間《しゅんかん》はたくさんある。でも、その面倒くささに負けて引いてしまったら成長しない。面倒くさいと思ったら、そこで奥歯《おくば》をかみしめてこらえてほしい。そこにこそ成長があるのだから。そこでぐっと踏《ふ》みとどまれるかどうか。この力が何事においても最後の最後に効《き》いてくるし、将来《しょうらい》の行く末を決めることになる。

（西成活裕「社会の役に立つ数理科学」より）

※砂上《さじょう》の楼閣《ろうかく》…楼閣とは高層《こうそう》の建物のこと。砂の上に高層の建物を建てることができないように、基本がしっかりしていないために長続きしないことや実現不可能なことを表す。

問1 ――線部①「成長を止めないためにはどうすればいいか」という問いかけに対して、筆者はどうすることがよいと考えていますか。本文中の言葉を使って、十五字以内で二つ答えなさい。（句読点もふくみます。）

ヒント

「答え」は「問いかけ」よりも後ろに書かれています。

問2 [1]～[3]にあてはまる言葉としてふさわしいものを次の中からそれぞれ選び、記号で答えなさい。同じものをくりかえして使ってもかまいません。

ア 一段　**イ** 二段　**ウ** 多段

1 ［　　］　2 ［　　］　3 ［　　］

問3 ——線部②「いろいろなバリエーション」とありますが、これを言いかえている表現を本文中から七字で探《さが》し、ぬき出して答えなさい。（句読点はふくみません。）

［　　　　　　　］

一段、二段、多段は、考え方のちがいのことだよ。

筆者がすすめているのはどれだろう。

12 具体例を見つけよう

強調する　つなぐ　区切る　まとめる

印つけのポイント

具体例に＜　＞をつけ、伝えたいことに——を引く。それらを——→でつなぐ。

筆者が考えを説明するとき、**具体例**を用いることがあります。実際にあったことや事物などをあげ、説明を補足することで、読み手が理解しやすくなります。「たとえば」「具体的には」や、「～が代表的だ」などの表現に注目しましょう。

文章全体を理解する上では、具体例そのものはあまり重要ではありません。しかし、その前後に筆者の伝えたい重要な部分があり、それを正しく理解するためには、**具体例と伝えたいこと（意見や考え）を区別して読む必要がある**のです。

例

具体例に＜　＞をつけ、その例を用いて伝えたいことには——を引きます。そのうえで、それらを——→でつなぎます。

遺伝子《いでんし》組みかえは、品種改良の一つです。ただし時間をかけて作物のせいしつを変えるのではなく、人工的に直接《ちょくせつ》変える方法です。

生物の体は、小さな「細胞《さいぼう》」がたくさん集まってできています。遺伝子はこの細胞の中にある設計図のようなもので、遺伝子を変えると、生物のせいしつやすがたも変わるのです。

（具体例）＜大豆の遺伝子組みかえを例にとりましょう。大豆を育て、しゅうかくするまでには、何種類かの農薬を使います。大豆をからさないようにしながら大豆以外の雑草《ざっそう》がかれるようにす

3種類の印を使うと理解しやすくなります。

るためです。しかし、「農薬をかけてもかれない」遺伝子を大豆の種子の細胞に入れると、ふつうの植物をからすことのできる農薬を一回かけるだけで、雑草はすべてかれ、大豆だけが健康に育ちます。

（橋本五郎「なぜ？　どうして？　社会のお話」より）

解説《かいせつ》

遺伝子組みかえで生物の性質が変わると聞いても、すぐに納得しづらいですよね。その抽象的な内容を、くわしく説明するために具体例を出しています。

実際に遺伝子組みかえが行われている大豆の例で、直前の内容がより理解できるようになるのです。

筆者の伝えたいこと

遺伝子を変えると生物の性質やすがたも変わる

→ **具体例**　大豆

「農薬をかけてもかれない」遺伝子を入れると、農薬をかけても雑草はかれて、大豆だけが育つ

※----線部と――線部が、それぞれ対応しています。

STEP 1

次の文章を読んで、後の問いに答えなさい。

▼答えは、別冊62ページ

コンビニエンスストアもそうですが、世界中で同じサービスを受けられるようになるのは便利である反面、便利さを追求するあまりにその国に固有の生活や文化が失われる要因《よういん》にもなり、グローバル化には一長一短があるともいえるでしょう。

それゆえ、現代の多くの人々には、グローバル化社会が進む中で、国や民族のさまざまな文化の違《ちが》い、すなわち□を大切にしようという考えが広がりつつあります。

国や民族による文化や生活の違いは、食べるものによくあらわれます。

インドでは、ヒンズー教の人たちがたくさんいて、ヒンズー教では、ウシが神さまのお使いとしてとても大切にされています。それゆえ、ほとんどのインドの人たちはウシを殺《ころ》したり食べたりすることはしません。

けれども、彼らは、例えばアメリカ人に向かって牛肉のステーキやハンバーガーを食べるなとは決して言いません。

なぜならば、自分たちの宗教《しゅうきょう》や食習慣《しょくしゅうかん》が他国の人と違うとわかっているからです。

同じように、イスラムの人たちは、ブタ肉やブタを使った一切《いっさい》の料理を食べません。

これはウシを神聖《しんせい》な動物とするヒンズー教とは全く違う理由からなのですが、やはりイスラム教の人たちはキリスト教の人たちに向かってブタを食べるなとは言いません。ブタを食べないのはイスラム教の決まりごとで、キリスト教にはその決まりがないことを知っているからです。

逆《ぎゃく》に、ほかの宗教の人たちが多い国でイスラム教の人たちが暮《く》らすようなときには、周囲の人々はイスラム教の人に対して「この国ではブタを食べろ」などとは言いません。

印つけをやってみよう！

具体例に∧∨をつけ、その例を用いて伝えたいことには――を引きましょう。そのうえで、それらを↓でつなぎましょう。

ヒント 具体例は一つとは限りません。

ヒント 具体例と筆者の伝えたいことを↓でつなぎましょう。

けれども、イスラム教の人たちがよその宗教の国でその決まりを厳《きび》しく守ろうとすると、料理の材料、例えばカップラーメンのスープでもブタ肉のエキスが使われていたりすることがあるので、毎日の食事にはかなり気をつける必要があります。

最近では日本でも、海外からの留学生《りゅうがくせい》が多い大学の食堂などで、イスラム教の人たちがブタを使わない食事（ハラルと呼びます）ができるように、特別なメニューを増《ふ》やすなどさまざまな配《はい》慮《りょ》をするようになってきました。

□を受け入れるとはそういうことでもあるのです。

クジラを食べる習慣も、捕鯨国《ほげいこく》に固有の食文化と考えられるはずです。

しかしなぜか、近年広く受け入れられているはずの、この文化の多様性を尊重《そんちょう》するという考え方からクジラだけはすっぽりと抜《ぬ》け落ちているかのようで、クジラ食を多様性の一つとして受け入れようとしない人々が多いのが現実です。

捕鯨に反対する人々にも、日本人やノルウェー人が捕鯨をおこない、クジラを食べることを、ヒンズー教やイスラム教の食習慣と同じく多様性の一つとして受け入れてもらえることができたら、きっと捕鯨問題もここまでこじれることはなかったのではないかと思います。

（石川創「クジラをめぐる冒険 ナゾだらけの生態から対立する捕鯨問題まで」より）

問 本文中の二つの□に共通して入る言葉を五字以内で探《さが》し、ぬき出して答えなさい。（句読点はふくみません。）

国によって食文化はさまざまだね。
文化のちがいをどのように受け入れたらいいのかな。

ヒント 宗教《しゅうきょう》や食習慣《しょくしゅうかん》のちがいと、捕鯨問題には、どんなつながりがありますか。

ヒント 二つの□には、具体例をあげて、筆者が説明をしようとしている言葉が入ります。

STEP 2

次の文章を読んで、後の問いに答えなさい。

▼答えは、別冊63ページ

自分の身体の一部であるはずの顔は、単なる身体の一部という枠《わく》をこえ、周囲の世界と自分とをつなぐ、パイプ役となっているようです。

コミュニケーションの基本となる表情《ひょうじょう》は、社会の中で生きていく上では欠かせないものですが、動物も表情を読み取ることができます。表情は、社会をつくる動物にも備《そな》わっているのです。ただし動物では顔ではなく、身体全体で※情動を表現します。

イヌを飼《か》っている人ならば、実感できるでしょう。吠《ほ》えるイヌは、毛を逆立《さかだ》てて尻尾《しっぽ》をたちあげています。身体を大きく見せて、怒《いか》りを表現しているのです。降参《こうさん》した方のイヌは、尻尾を丸めて足の間にはさみます。ひっくり返って、おなかを見せることもあります。自分の弱い部分を見せて、攻撃《こうげき》する意思がないことを示しているのです。このように表情は、イヌ同士の社会関係をつくるために利用されているのです。

イヌやネコが好きでよく一緒《いっしょ》に遊んでいる人には、笑《わら》いの起源《きげん》を見つけることもできるかもしれません。息を荒《あら》げて舌を出すイヌの口元はほころんでいて、そこに喜びが表現されているのです。ネコも遊びがこうじて興奮《こうふん》すると、こうした表情を見せることがあります。

①動物に起源を持つ表情表現は、人間では顔に集中するようになりました。表情は生まれつきで、世界共通といわれています。外国に行って言葉が通じなくても、ジェスチャーを使えば、意思の疎通《そつう》ができます。それは感情表現が共通だからです。

悲しいときは涙《なみだ》を流して泣き、うれしいときはにっこり笑う……基本的な喜怒哀楽《きどあいらく》が表情で通じないとしたら、困《こま》りものです。

印つけをやってみよう！

具体例をあげて説明したいことは何でしょうか。伝えたいことがらと、具体例の部分を——→でつなぎましょう。

とはいえその一方で、②表情にも文化差があることがわかりました。そもそも「郷《ごう》に入《い》っては郷に従《したが》え」ということわざがあるように、文化が変われば「振《ふ》る舞《ま》い」も変わることは自明のことでもあります。ホームステイなどで海外の暮らしを体験してみると、ちょっとした違《ちが》いを感じることもあるでしょう。特に欧米《おうべい》で暮らすとなると、いつもハイに演《えん》じ続けるしんどさを感じる人もいるでしょう。喜びは積極的に表現しなくてはいけない、知らない人でもすれ違ったらにっこり挨拶《あいさつ》をする、そんな習慣に疲《つか》れてカルチャーショックで引きこもってしまう学生もいると聞きます。

欧米と日本とでは、表情をどう表出《ひょうしゅつ》すべきかのルールが違うのです。プレゼントをもらったとき、テストでよい点を取ったとき、ポジティブな感情は大げさに表現するように、欧米では求められるのです。一方の日本では、自分だけが得したことを大っぴらに表現することを控《ひか》えます。周りの目を気にして、喜びを大げさに表現することを控える日本人の行動は、欧米では不審《ふしん》に思われてしまうことすらあります。まさしく異文化《いぶんか》です。

マスコミの前で赤ん坊のように大泣きする議員が、話題になったことがあります。いい年をした大人が人前で恥《は》ずかしいと、日本人でも拒否感《きょひかん》を持ちますが、人前でネガティブな表現を自制する傾向《けいこう》が強い欧米では、さらにありえないこととして映《うつ》ることでしょう。

このようなふるまいの違いだけでなく、相手の表情を見るとき、顔のどこに注目するかが、文化によって異《こと》なることもわかりました。先にも触《ふ》れたように、相手の表情を読み取る時、欧米人は顔をくまなく見るのですが、日本人では相手の目に注目するのです。

これには、表情のつくり方の違いが影響《えいきょう》しているようです。欧米人の表情はどちらかというと意図的に大きく表現されますが、そうした場合、口に大きく表現されます。口角《こうかく》をしっかりと上にあげて大きく喜びを表現するのが、欧米人の表情のつくり方だとすると、目でにっこりと自然

ヒント
欧米人《おうべい》と日本人を比較しています。それぞれを整理しながら読みましょう。

ヒント
「ポジティブ」と「ネガティブ」は対義語です。「ポジティブ」は明るく積極的、「ネガティブ」は後ろ向きで消極的なさまを指します。

な表情《ひょうじょう》をつくり出すのが、日本人です。

喜びを大げさに表現しない日本人の表情は、欧米と比べると動きが小さいのです。その小さい表情の変化を読み取るように、目に注目するのです。③文化による見方の違いは、なんと一歳《さい》未満の小さいころから始まっていることもわかっています。

（山口真美「自分の顔が好きですか？『顔』の心理学」より）

※情動…一時的で激《はげ》しい感情。

問1 ――線部①「動物に起源《きげん》を持つ表情表現」とありますが、動物も人間もどんな理由で表情表現をするのですか。本文中の言葉を使って二十五字以内で説明しなさい。（句読点もふくみます。）

ヒント

具体例の部分はあくまで参考とし、筆者の伝えたいことが述《の》べられている部分を用いて答えましょう。

問2　——線部②「表情にも文化差がある」とありますが、欧米《おうべい》人の喜びの表情が具体例を用いて説明されている部分を本文中から四十五字以内で探《さが》し、そのはじめと終わりの五字を答えなさい。（句読点もふくみます。）

～

問3　——線部③「文化による見方の違い」とありますが、違いが生じる原因は何ですか。本文中から七字で探《さが》し、ぬき出して答えなさい。（句読点はふくみません。）

日本人と欧米人の表情のちがいをきちんと整理しよう。

問2は、欧米人について答えるんだよ。

13 筆者の意見を見つけよう

強調する　つなぐ　区切る　まとめる

印つけのポイント　筆者の意見に――を引く

多くの随筆《ずいひつ》文に触れるにつれ、物語文や小説に近いもの、論説《ろんせつ》文に近いものなど、実にさまざまな形で自由に書かれた文章だということがわかってきたと思います。

日本で最も古い随筆は『枕草子《まくらのそうし》』ですが、四季の魅力《みりょく》や日々の生活で感じたことを、筆者の清少納言《せいしょうなごん》が豊かに描《えが》き、その独特な世界観やものの見方は、現代《げんだい》の私たちが読んでも興味深いものです。

どのような随筆文でも、「体験（事実）」と「意見（気持ち）」を区別して読むという基本を忘れず、文章全体から中心的な「意見」を探《さが》し、主題を読み取りましょう。

例

筆者の意見に――を引き、主題を読み取ります。

体験

ドイツでは、日本のように最初から親切なサービスがついてくるわけではなく、必要に応じて有料でお願いする、という考え方が主流。ネットショッピングをしたら翌日には無料で届くということもないし、ケーキを買っても紙でさっとくるんで渡《わた》されます。自分でできる

ここでは「体験」ではなく「意見」に線を引くよ。

ことは自分でやって節約し、できないことはお金を払《はら》って解決。持ちきれないほど重いものを買ったときは、予想以上に高くつくこともありますが、

筆者の意見

それが本来あるべき姿《すがた》なのかもしれません。

今、当たり前のように享受《きょうじゅ》しているサービスも、いったん立ち止まって、自分に必要かどうかを考えてみる。そうして、本当に必要なものだけを足し算し、不要なものは引き算してみるのも、身軽に生きるためには、よい方法だと思います。

（小川糸「育てて、紡ぐ。暮らしの根っこ」より）

解説《かいせつ》

まず、ドイツでの体験は〈　〉をつけて区切ります。日本と比べながら書かれていて、特徴《とくちょう》が理解しやすくなっていますね。

この事実から、筆者がどのようなことを伝えたいのかを読み取ります。

体験　ドイツではサービスは有料

↓

意見　本来あるべき姿かもしれない

主題　自分に必要なサービスかどうかを考えるべき

※「必要かどうか」は「足し算・引き算」という言葉でも説明しています。

STEP 1

次の文章を読んで、後の問いに答えなさい。

▼答えは、別冊66ページ

印つけをやってみよう！

体験には〈 〉をつけ、意見には——を引きながら読みましょう。

勤務先《きんむさき》の大学の女子学生と話していたときのこと。その日は大学でイベントがあり、何人かの学生や教員たちが集まって終了後にみんなで打ち上げをしていました。ところがその女子学生が、九時を回ったあたりでソワソワしはじめたのです。もう帰らなくちゃ、と。門限《もんげん》が一〇時なのだそうです。

やりたい放題やらせてもらっていた自分の学生時代に比べたら、門限が一〇時とはずいぶん真面目《まじめ》だなあ、きっと箱入り娘《むすめ》で大切にされているのだろう、と微笑《ほほえ》ましく思っていました。ところがその学生のソワソワぶりがどうも普通《ふつう》ではないのです。聞けばすでに携帯《けいたい》に親から電話がかかってきて、早く帰ってくるように言われた、と言うのです。

なぜ門限一時間前なのに電話がかかってくるのだろう、と※訝《いぶか》しがる私の表情《ひょうじょう》を察知して、その女子学生の友達が言いました。

「あ、〇〇ちゃんは※GPS《ジーピーエス》で居場所《いばしょ》がいつも分かるようになっているんです」

つまり親御《おやご》さんは、彼女《かのじょ》がいま自宅から一時間ほどかかる場所にいることを知っていて、だからそろそろ帰ってこい、と連絡《れんらく》してきたと言うのです。

うーん、それを聞いて私は複雑《ふくざつ》な気持ちになってしまいました。確《たし》かに子供を心配する親御《おやご》さんの気持ちは痛《いた》いほど分かります。心配ゆえに、GPSで常《つね》に子供の居場所を把握《はあく》できるようにしておきたい。それは間違《まちが》いなく娘さんを思ってのことでしょう。どのくらい一般的《いっぱんてき》なのかは分かりませんが、子供向けの携帯電話にはGPSを使った見守り機能《きのう》を搭載《とうさい》したものがあると聞いたことがあります。もしかすると、その女子学生も、幼《おさな》かったころからの習慣《しゅうかん》で、ずっとGPS

意見を述《の》べている文末表現に注目するんだよね？

文末だけでなく、主張を強調するような、「必要」「重要」「忘れてはならない」などの言葉もチェック！

機能を利用しているのかもしれません。

気になるのは、そこに信頼《しんらい》があるのかどうか、ということです。確かに、居場所が分かることは、親からすれば安心でしょう。しかし子供の成長を思って、自分が感じている不安をぐっと抑《おさ》えなければいけない瞬間《しゅんかん》があるはずです。たとえば子供が「一人で電車に乗ってみたい」と言いだしたとき。あるいは「一人で料理をしてみたい」とお手伝いを申し出たとき。つまり子供が「冒険《ぼうけん》」を望んだときです。そういうときは（あれに気を付《つ》けろ、これに気を付けろ、とさんざん注意したあとで）子供を信じて、「やってごらん」と背中を押《お》す。要するに「可愛《かわい》い子には旅をさせよ」の心境《しんきょう》です。

そこでもし、「やってごらん」と言いながら子供の行動を監視《かんし》してしまったらどうでしょうか。子供は「自分は信じてもらえていない」「お父さん、お母さんは自分を一人前だと認《みと》めていない」と自信を失《な》くしてしまうのではないでしょうか。「信じられている」という気持ちが、子供が安心して新しいことに挑戦《ちょうせん》するために必要であるならば、不安な気持ちをぐっとこらえて、子供を信じるほうに賭《か》けることも必要なのではないか。私自身はそんなふうに考えてきました。

子育ての方針《ほうしん》についてはいろいろな考え方があるでしょう。それは本書の主題ではありません。重要なのは、「信頼」と「安心」がときにぶつかり合うものである、ということです。「安心」を優《ゆう》先《せん》すると、「信頼」が失われてしまう。逆《ぎゃく》に「安心」を犠牲《ぎせい》にしてでも、相手を「信頼」することがある。二つの言葉は似ているように思われますが、実は見方によっては相反するものなのです。

（伊藤亜紗「手の倫理」より）

※訝しがる…疑《うたが》わしく思う。

※GPS…人工衛星から受信した電波を利用して、現在位置を知らせるもの。

ヒント

「可愛《かわい》い子には旅をさせよ」とは、我が子が可愛いなら、手元に置いて甘やかすのではなく世の中の辛さを体験させたほうがいいという意味のことわざです。

筆者はなぜこのことわざを引用したのでしょうか。

問　この文章を通じて筆者が言いたかったことは何ですか。次の文にあてはまるように、本文中の言葉を使って二十字以内で説明しなさい。（句読点はふくみません。）

親は［　　　　　　　　　　　　　　　　　　　　］ことが大切である。

ヒント
「要旨」につながる中心文はどこにありましたか。

STEP 2

次の文章を読んで、後の問いに答えなさい。

▼答えは、別冊68ページ

印つけをやってみよう!

エピソードの部分に〈 〉をつけ、意見には――を引きます。論説文の読み取りのように、筆者の主張が書かれている段落、その中心文を探《さが》しましょう。

インターネットの掲示板《けいじばん》なり、※SNSなりで、「頭が煮詰《につ》まって、原稿《げんこう》が書けない」とつぶやいてみましょう。

「その『煮詰まる』は、使い方が間違《まちが》ってますよ」

①たちまち、そんな反応が返ってくるはずです(〝その煮詰まる〟で検索《けんさく》すると、実例が多数出てきます)。発言者は、年配の人は少なく、若い世代と思われる人が中心です。

右の「煮詰まる」を誤用《ごよう》と言う人の中には、自分自身の言語感覚に照らしてそう判断《はんだん》した人もいるかもしれません。一方、単に「マスメディアが誤用と言うから誤用だ」と考えている人も多いでしょう。

平成25(2013)年度の「国語に関する世論調査《よろんちょうさ》」の報告では、「煮詰まる」は「計画が煮詰まった」のように「結論の出る状態《じょうたい》になる」の意味が本来とされ、「頭が煮詰まる」のように「考えが働かなくなる」の意味は新しいと位置づけられました。マスコミは後者を「誤用」として報道《ほうどう》しました。

慌《あわ》てて言っておくと、実は、この2つの意味は、両方とも戦後になって辞書に載《の》ったものです。どちらがより古い意味かは、実はよく分かっていません。したがって、後者を軽々しく「誤用」と批判《ひはん》することはできないのです。

そもそも、ことばには多様性(場合に応じて複数の意味を表す性質)があります。たとえば、「頭に来る」には「腹《はら》が立つ」「気が変になる」などいくつかの意味があります。そのひとつを取り上げて誤用という人はいません。同様に、「煮詰まる」の2つの意味のどちらかを誤用とする必要

ヒント

この文章は、筆者の考えを中心に述《の》べているので、論説文に近い随筆《ずいひつ》文です。

もないのです。

ともあれ、こうした「ことば批判《ひはん》」は（当否《とうひ》はともかく）昔は年配者の役割でした。ところが、現在《げんざい》では、年配者はあまり掲示板やSNSにはアクセスしません。その代わり、若い世代の人同士が、メディアなどで得《え》た知識を元に、ネット上で「誤用《ごよう》」を指摘《してき》しあっています。こういう状況《じょうきょう》は、人々の言語生活史上、初めてのことです。

インターネットが普及《ふきゅう》する以前の社会では、個人のつぶやきが不特定多数から評価・批判されることは、まずありませんでした。個人の限られた交際範囲《はんい》では、そうむやみにことば遣《づか》いをとがめられる、という状況は考えにくいことです。

メディアがまだ「ことばの誤用」をそれほど話題にしなかった頃、年配者は自分の言語感覚に基《もと》づいて、若い人のことば遣いに注意を与えていました。特定の語が社会的に「○○は誤用」と認定されるケースは少なく、人々のことばには多様性が保たれていました。

ところが、メディアの発達と共に、「○○は誤用」という情報が社会的に共有されるようになりました。情報がネットで一気に拡散《かくさん》する時代、年配者でなくても、相手のことばを簡単《かんたん》に「誤用認定」できるようになりました。しかも、その飛び交う情報の中には、「煮詰まる」の例のように、本当は誤用とは言えないものが多く含まれています。

根拠《こんきょ》の必ずしも明らかでない誤用説が、検証を経《へ》ないままに信じられ、一人一人の発言を縛《しば》ってしまう。②人々の健全な言語生活のために、これは好ましくない状況です。

ことばには「これこれの言い方だけが正しい」ということはありません。少数派の言い方であっても、ある地域《ちいき》・世代などの限られた集団や場面で意思疎通《そつう》の役に立っているならば、その言い方には立派な存在理由があります。どんなことばでも、※一概《いちがい》に否定することはできません。そういう基本的なことが理解されず、ことばが○×に仕分けられるのは憂《うれ》うべきことです。

ヒント メディアの発達によって変化した言語生活とはどのようなものか、理解しましょう。

ヒント 意見や気持ちを示す直接表現や、はっきりと考えを述《の》べている文末表現に着目します。

ただ、こうした動きに反対する見方も現《あらわ》れています。むやみに人のことばを誤用扱《あつか》いする人は、ネット上で「日本語警察《けいさつ》」と批判されるようになりました。この呼び名には、［　③　］への抗議《こうぎ》の気持ちが表れています。

誰《だれ》しも、あることばに対して、個人的に正誤の判断を行う自由があります。ただ、その価値《かち》判断の基準《きじゅん》が聞きかじりのネット情報というのでは、何とも心もとない話です。

自分や周囲の人、親などが、これまで普通《ふつう》に使っていたことばを、安易《あんい》に誤用として捨《す》て去るべきではありません。現在では、過去《かこ》の文学作品などがネットで簡単に検索できます。実は伝統的な表現だったと、すぐに分かる場合もあります。本当に誤用かどうか、立ち止まって考える慎《しん》重《ちょう》さが必要です。

（飯間浩明「〝今どきの若い者〟はことば遣いにうるさすぎる」より）

※SNS…インターネット上にある、情報交換《こうかん》や交流などを行う場所。

※一概に…区別せず、同じように考えること。ひっくるめて。

ヒント

「［　③　］への抗議」とあるので、空欄《くうらん》にはよくないマイナスの内容が入ると考えられます。

問1 ——線部①「たちまち、そんな反応が返ってくる」とありますが、筆者はこれをどのように思っていますか。最もふさわしいものを次の中から選び、記号で答えなさい。

ア マスコミは間違った報道《ほうどう》をすることはないため、そのような反応をするのは仕方がない。

イ 若い世代だけでなく、年配の人が言語問題について発言できる機会を増やすべきである。

ウ どちらの意味が正しい意味か判断しかねるので、誤用《ごよう》であると軽々しく言うべきでない。

エ その人自身の言語感覚に照らして判断しているかわからないので、明確《めいかく》にすべきである。

□

問2 ——線部②「人々の健全な言語生活」とありますが、そのために筆者は何が大事だと考えていますか。本文中から二十七字で探《さが》し、そのはじめと終わりの三字をぬき出して答えなさい。（句読点もふくみます。）

□□□ 〜 □□□

問3 ［③］にあてはまる表現を、「正誤」という言葉を用いて十五字以内で考えて答えなさい。（句読点はふくみません。）

□□□□□□□□□□□□□□□

空欄《くうらん》補充《ほじゅう》の問題は、答えをあてはめて読んでみよう。

確認や見直しは大切！

14 「しかし」を見つけよう

強調する　つなぐ　区切る　まとめる

説明的文章［説明文・論説文］

印つけのポイント

「しかし」などの逆接《ぎゃくせつ》に▽をつけ、その後ろの部分に——を引く

前とは反対のことがらを示す「しかし」「けれども」「だが」などの逆接の接続語は、単に反対の内容が続くことを示すだけではありません。その後ろには筆者の主張など、重きがおかれる内容が続くことがよくあります。

例

話しかけたい。（A）　▽しかし、はずかしい。（B）

この例文では、はずかしさの方が話しかけたい気持ちより大きいことが読み取れます。このように、「A しかし B」という場合は、**すぐ後ろのBに注目しましょう。**

例

「しかし」などの逆接の接続語に▽をつけ、その後ろの部分に——を引きます。

女性のうちの一人が、車椅子《くるまいす》に乗った中学生の子と、車椅子を介助《かいじょ》する女の子の姿《すがた》を見るか見ないかのうちに、「まあ、かわいそうな子ね」と言いながら通り過《す》ぎていったのです。「えっ？」という表情でお互《たが》いが顔を見合わせています。※車椅子探検《たんけん》をしているだけであって、かわいそうでも何でもないという事情を説明し、誤解《ごかい》を解《と》く機会が得られなかった不本

逆接の接続語に印をつけて、その後をていねいに読もうね。

意な気持ちが広がりました。

しかし、その気持ち以上に自分たちも車椅子の人に対して、そういう何か表面的な接《せっ》し方しかしてこなかったのではないかということを強く思い起こさせる一言でした。物理的なバリアフリーは技術が解決してくれそうですが、人の気持ちを本当に理解することの難《むずか》しさを思い知らされました。

（鈴木賢一「子どもたちの建築デザイン――学校・病院・まちづくり」より）

※車椅子探検…障害者や高齢者の立場を理解するために、車椅子に乗る経験をしてみること。

解説《かいせつ》

「AしかしB」の場合、「しかし」の後ろにある**Bが重要**でしたね。

A…誤解が解けず不本意な気持ち

↓**しかし**

B…自分たちも表面的な接し方だったかもしれない（はっと気づかされる気持ち）

誤解されたことより、今までの自分たちの行動をふりかえって反省する点があったかもしれないと気づいたことに重きがおかれています。

そして読み進めると、「人の気持ちを本当に理解することの難しさ」を伝えようとしていることがわかります。

STEP 1

次の文章を読んで、後の問いに答えなさい。

▼答えは、別冊72ページ

学校の先生は、わからないことがあったらなんでも質問《しつもん》しなさい、というだろう。しかし、問うということは、さしさわりのない範囲《はんい》をこえるとけっこうむずかしいことなのだ。そこでひとは、さしさわりのない範囲をこえて質問することはやめ、やがては自分がもっていた疑問《ぎもん》さえもわすれてしまう。そしておとなになったといわれる。

　ところが世のなかには、うまくいえない問いを心のなかにあたためておいたまま、いつまでもわすれないひとがいる。そういうひとこそが学問をするといいのだ。とはいえ、生きることの意味、というような大問題はおそらく一生かかっても解《と》けることはないだろう。（中略）

　きみたちは学校に行っているあいだは、自分がこの世のなかでどういう役に立つ人間なのかということがわからない。自分という人間はこの世のなかで必要な存在《そんざい》なのかどうかがわからない。だから、もしかしたら、いなくてもいいようなものでしかないのではないかという疑問をもつだろうし、それが、生きることにははたして意味があるかどうかという内心の問いをいっそう深刻《しんこく》なものにしてしまったりするだろう。

　しかし、世のなかに出て、仕事をし、結婚《けっこん》し、子どもができたりすると、しだいに自分のまわりに自分を必要とし、自分をたよりにしている人びとがいることに気づく。それがきみに、生きることの意味を教えてくれる。

　はたらいて仕事をするということは、ただ金もうけのためにすることではない。仕事によってきみは世のなかとしっかりしたむすびつきをもち、他人と協力しあう関係をもち、他人に助けられるというよろこびや、他人につくすという満足感を得《え》るようになるのだ。

印つけをやってみよう！

「しかし」などの逆接《ぎゃくせつ》には▽をつけましょう。直後の部分には——を引きましょう。

「なぜ？」と疑問を持ち続けるのは大事なんだよ。

月はなぜ落ちないんだろうという疑問から、ニュートンの研究は始まったよね。

なぜ他人につくすことが満足感になるかといえば、きみはそこで、自分ひとりの生命よりももっともっと大きくて複雑《ふくざつ》な、家族や共同体や民族や国家や、さらには人類というつながりの生命を実感し、そのよろこびや悲しみを自分のものとして味わい、そこにも自分の生きる意味を見いだせるようになるからだ。

そうなってきたとき、きみが心のなかにあたためていた問いは、生きることの意味といった一生かけても答えが見つかるとはいえそうにもない抽象的《ちゅうしょうてき》あるいは観念的なものから、もっと具体的に、いつかきっと答えが見つかりそうな、そして、その答えが見つかればとてもうれしく思えるであろうようなことがらにかわっていると思う。

自分ひとりのなやみを解くための問いではなく、もっと他人にとっても役に立つような問題にとりくみ、世のためひとのためになることによろこびを見いだせるようになると思う。

さあ、こうして学問がほんものになってゆくのだ。学校にいるあいだは、すでに先生が知っていることを教えてもらうだけだったが、こんどは自分で問いを発して、知らないことは調べ、考え、同じことを考えているひとと知識や意見を交換《こうかん》したり議論《ぎろん》したりしてそれをまとめてゆくのだ。これが学問というものだ。

必ずしも専門《せんもん》の学者にならなくてもいい。楽しみとして、あるいは心のなかからあふれる問いに自分で調査研究を加えて答えていくアマチュア学者としてやってゆくのもいい。

（佐藤忠男「わたしの学問」より）

ヒント

どんな経験によって、「問い」の内容が変化していくと筆者は考えていますか。

問　——線部「学問というもの」にむいているのは、どのような人物だと筆者は考えていますか。本文中から四十字以内で探《さが》し、そのはじめと終わりの五字をぬき出して答えなさい。（句読点もふくみます。）

□□□□□～□□□□□

ヒント

キーワードである「学問」とは何かということをつかみましょう。

STEP 2

次の文章を読んで、後の問いに答えなさい。

▼答えは、別冊73ページ

なぜ僕《ぼく》たち日本人は、それほどまでに人の目が気になってしようがないのか。それには※前項《ぜんこう》で触《ふ》れた恥《はじ》を意識させるしつけが大いに関係しているわけだが、なぜそのようなしつけを行うのか、なぜ恥ということが重要になっているのかを考えていくと、関係性を生きる日本的自己《じこ》の特《とく》徴《ちょう》に行き着く。

日本人は自己主張が苦手だと言われる。グローバル化の時代だし、もっと自己主張ができるようにならないといけないなどと言う人もいる。でも、日本人が自己主張が苦手なのには理由がある。そして、それはけっして悪いことではない。

では、アメリカ人は堂々《どうどう》と自己主張ができるのに、僕たち日本人はなぜうまく自己主張ができないのか。

それは、そもそも①日本人とアメリカ人では自己のあり方が違《ちが》っていて、コミュニケーションの

印つけをやってみよう！

何と何が比べられていますか。対比の接続語に注意して、その前後を確認します。対《つい》になる内容が書かれている部分には＜　＞をつけましょう。

法則がまったく違っているからだ。

アメリカ人にとって、コミュニケーションの最も重要な役割《やくわり》は、相手を説得《せっとく》し、自分の意見を通すことだ。お互《たが》いにそういうつもりでコミュニケーションをするため、遠慮《えんりょ》のない自己主張がぶつかり合う。お互いの意見がぶつかり合うのは日常茶飯事《にちじょうさはんじ》なため、まったく気にならない。

一方、②日本人にとって、コミュニケーションの最も重要な役割は何だろう。相手を説得して自分の意見を通すことだろうか。そうではないだろう。僕たちは、自分の意見を通そうというより前に、相手はどうしたいんだろう、どんな考えなんだろうと、相手の意向を気にする。そして、できることなら相手の期待を裏切《うらぎ》らないような方向に話をまとめたいと思う。意見が対立するようなことはできるだけ避《さ》けたい。そうでないと気まずい。

つまり、僕たち日本人にとっては、コミュニケーションの最も重要な役割は、お互いの気持ちを結びつけ、良好な場の雰囲気《ふんいき》を醸《かも》し出すことなのだ。強烈《きょうれつ》な自己主張によって相手を説き伏《ふ》せることではない。

だから自己主張の※スキルを磨《みが》かずに育つことになる。自己主張が苦手なのは当然なのだ。その代わりに相手の気持ちを察《さっ》する共感性を磨いて育つため、相手の意向や気持ちを汲《く》み取ることができる。

相手の意向を汲み取って動くというのは、僕たち日本人の行動原理といってもいい。コミュニケーションの場面だけではない。たとえば、何かを頑張《がんば》るとき、ひたすら自分のためというのが欧米式《おうべいしき》だとすると、僕たち日本人は、だれかのためという思いがわりと大きい。

親を喜ばせるため、あるいは親を悲しませないために勉強を頑張る、ピアノを頑張る。先生の期待を裏切らないためにきちんと役割を果たす。そんなところが多分にある。大人だって、監督《かんとく》のために何としても優勝《ゆうしょう》したいなんて言ったりするし、優勝すると監督の期待に応《こた》えることがで

ヒント

対になる内容が書かれている部分には〈 〉をつけます。

ヒント

具体例をあげて説明しているところは、軽く読み流してもよい場合が多いです。なぜその例を出したのかという、まとめの部分に〈 〉をつけます。

きてホッとしていると言ったりする。

自分の中に息づいているだれかのために頑張るのだ。もちろん自分のためでもあるのだが、自分だけのためではない。

このような人の意向や期待を気にする日本的な心のあり方は、「他人の意向を気にするなんて自主性がない」とか「自分がない」などと批判《ひはん》されることがある。でも、それは欧米的な価値《かち》観に染《そ》まった見方に過《す》ぎない。

教育心理学者の東洋《あずまひろし》は、日本人の他者志向を未熟《みじゅく》とみなすのは欧米流《おうべいりゅう》であって、他者との絆《きずな》を強化し、他者との絆を自分の中に取り込んでいくのも、ひとつの発達の方向性とみなすべきではないかという。

そもそも欧米人と日本人では自己のあり方が違う。僕たち日本人が、率直《そっちょく》な自己主張をぶつけ合って議論するよりも、だれも傷つけないように気をつかい、気まずくならないように配慮《はいりょ》するのも、欧米人のように個を生きているのではなくて、関係性を生きているからだ。

（榎本博明「〈自分らしさ〉って何だろう？　自分と向き合う心理学」より）

※スキル…能力。訓練などで身につけた技術。

問1　——線部①「日本人とアメリカ人では自己のあり方が違っていて」とありますが、どのように違うのですか。次の文にあてはまる言葉を本文中からそれぞれ七字で探《さが》し、ぬき出して答えなさい。（句読点はふくみません。）

日本的自己は □□□□□□□ のに対し、

日本人の行動原理の特徴《とくちょう》が書かれていたね。

他の国の人と比べることで、さらによくわかったよ。

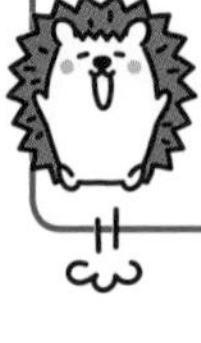

ヒント　見つけたのにあてはまらないときは、同じ内容で文字数の合う部分を探しましょう。

アメリカ人など欧米人は □□□□□□□ という違い。

問2 ――線部②「日本人にとって、コミュニケーションの最も重要な役割」とありますが、日本人にとってのコミュニケーションの最も重要な役割はどのようなことですか。本文中から三十五字以内で探《さが》し、そのはじめと終わりの五字をぬき出して答えなさい。（句読点もふくみます。）

□□□□□ ～ □□□□□

問3 本文の内容と合うものを次の中から選び、記号で答えなさい。

ア 相手を説得《せっとく》することが得意な欧米人に近づけるように、日本人もスキルを磨《みが》くべきだ。

イ 日本人が自己主張が苦手なのは相手の意向に配慮《はいりょ》する結果であり、悪いことではない。

ウ 何かを頑張《がんば》るときの日本人は、だれかのためという思いだけで自分のためではない。

エ 最近の日本人は恥《はじ》を意識させるしつけを受けていないので、欧米的な考えの人が多い。

□

ヒント

文章中と内容を照らし合わせながら選びましょう。

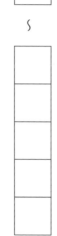

15 「話題」の変化を見つけよう

強調する　つなぐ　**区切る**　まとめる

説明的文章［説明文・論説文］

印つけのポイント

「話題」が変わるところに、Vをつける

「さて」「ところで」などは、**話題が変わる働きを持つ接続語**です。これらの接続語が使われていたら、その前後の内容に注目しましょう。

ただし、接続語が必ずあるわけではありません。接続語がなくても「話題」が変化していくことはあります。これは、意味段落のまとまりにも関係しています。

話題が変わるといっても、前後がまったく関連性のない内容になることはなく、**何らかのつながりはあるはずです**から、それもふまえて読み進めていきましょう。

例　**話題が変わるところにVをつけます。**

1　時代に応じて食べるものは変わっていきます。新しい料理が入ってきて流行《はや》ります。変わっていく味覚に合わせて、進化する料理、消えていく料理があります。失われていくものは残念ですが、しかたがないことでもあります。原料がなくなったり、口に合わなくなったり、技術が失われてしまえばなくなるものは、食文化に限った話ではありません。

2　V（話題が変わる接続語）では、和食とはどんな食文化なのでしょうか。

話題が変わったら
Vの印をつけておこう。
簡単だね。

3 それは、この国の気候風土に合わせて発展《はってん》してきた文化です。私が発酵《はっこう》調味料をこの国の文化と考えるのは、それが独自の気候の中で育まれた食品づくりだからです。旬《しゅん》のものを味わうのが和食文化と言われるのは、その土地で食べてこそおいしいもの、他の土地ではつくりにくいものがあるからです。

（阿古真理『「和食」って何？』より）

解説《かいせつ》

段落の要点をおさえながら読みます。「話題」の変化を示す接続語「では」がありますね。ここで話題が変化していますから、その前後の話題をまとめます。

前半 1段落………食文化の変化について

では

後半 2・3段落…和食文化について

前半と後半を通じて、食文化という共通することがらにふれつつ、要点（段落ごとの重要な点）が変化しています。このように話題の変わるところに注目し、文章全体の流れをつかみます。

STEP 1

次の文章を読んで、後の問いに答えなさい。

▼答えは、別冊78ページ

1 あなたの学校は制服《せいふく》ですか。自由服ですか。制服だったら、ちゃんと着るものは決まっていますね。たとえば、こん色のブレザーにズボンかスカート、白いシャツ、赤いネクタイかリボン、黒いくつという具合です。制服では全部決まったものを身につけなければいけません。こん色のブレザーとズボンを着たんだから、シャツはピンクでもいいやというわけにはいかないですね。でも、制服の場合には、決まっているものを着ればよく、自分で考えなくてすむので気が楽です。

2 自由服の私服《しふく》を着るときは、けっこう頭をつかいますね。なぜなら、自分の持っている何まいかの洋服の中から、今日はどれとどれを着ていくか、選んで組みあわせなければならないからです。その組みあわせがけっこうむずかしいですね。一つ一つは自分の好きな服でも、組みあわせたらぜんぜんおかしかったということだってあります。いくら気に入ったセーターでも、それと合うズボンがなければ、うまく着こなすことができません。センスのいい人は、一つ一つの服はそんなに変わっていないのですが、組みあわせ方がじょうずで、とてもふんい気がいいわけで、こういう人を見ると、ほんとうにうらやましくなりますね。

3 ところで、自由服といいますが、ほんとうになんでも自由に着ていいというわけではありません。自由服とは要《よう》するに、学校で勉強するなら勉強するのにつごうのよい服を着ることです。いくら暑いからといっても、水泳の授業がないのに水着を着て学校へ行く人はいないでしょう。学校の場合には、勉強という目的に合った服を着なさい、目的に合っていればどんな服でもいいですよ、というのが自由服の「自由」という意味なのだと思います。

印つけをやってみよう！

何についての文章か、「話題」を考えながら読みます。話題が変わるところに∨をつけます。

ヒント

くり返される言葉や接続語に注目し、印をつけましょう。

4 さて、目的に合わせて衣服《いふく》を選んで組みあわせるという考え方は、じつは相手に対して敬意《けいい》を表すときにも、まったく同じようにつかわれるのです。とてもえらい人に対して敬意を表すときには、とくべつの服装《ふくそう》をすることがあります。たとえば、くんしょうをもらうために天皇《てんのう》の前に出る人は、タキシードというとくべつの礼服《れいふく》を着ます。これは天皇に対する敬意を衣服の形で表したものです。

5 大昔は身分の区別がとても複雑《ふくざつ》できびしく守られていたので、それに合わせて衣服もきびしく決まっていました。平安《へいあん》時代（七九四〜一一八五年）の貴族《きぞく》では、身分の高さによって上着は何色、その下に着るのは何色、はかまは何色というふうにキッチリ決まっていました。これは一種の制服ですね。

（浅田秀子「日本語にはどうして敬語が多いの？」より）

問 本文を三つに分け、その二つめと三つめの始まりを1〜5の番号で答え、三つめの要点を次の文にあてはまるようにそれぞれ二字でぬき出しなさい。（句読点はふくみません。）

・二つめ □

・三つめ □ ……〈要点〉□□や□□を表す衣服

ヒント 何度も出てくる言葉は、要点になります。

三つの意味段落に分けられるよ。

それぞれの段落の要点は何かな。

STEP 2

次の文章を読んで、後の問いに答えなさい。

▼答えは、別冊79ページ

昨年、私は仕事の関係で中国のある地方都市に行きました。中国の経済発展《けいざいはってん》はいちじるしく、空港、道路、建物などは一〇年前と比《くら》べて見違《みちが》えるようにきれいになっていますが、空気はスモッグでどんよりとくもっていて、一九六〇年代の日本の工業都市の印象《いんしょう》と重なりました。しかし、こうした地域規模《ちいききぼ》の環境汚染《かんきょうおせん》は、経済の発展にともなって発生し、経済力が蓄積《ちくせき》されてくるにつれてしだいに問題として※顕在化《けんざいか》するというプロセスをへて、やがて解決していくでしょう。「人間は解決できるものだけを問題にする」からです。

さて、地球規模での環境汚染の話に入りましょう。代表的なものは、大気中の二酸化炭素《にさんかたんそ》が増加し、地球の温度が上昇《じょうしょう》するという問題です。

一万年で一℃上昇した地球の温度は、現在《げんざい》では一〇年で〇・三℃のスピードで上昇し、さらに加速されています。そしてこのまま進めば二一世紀の終わりには平均《へいきん》気温が二〜五・八℃上昇すると予測されています。これはたいへんな変化です。氷河や南極の氷が融《と》けて海面が上昇し、土地を奪《うば》われ追い出される多数の環境難民《なんみん》が出るでしょう。

もっと大きな問題は気候の激変《げきへん》です。台風、ハリケーンが猛威《もうい》をふるい、洪水《こうずい》の被害《ひがい》が大きくなるでしょう。病害虫の害による食糧《しょくりょう》不足やマラリアなどの伝染病《でんせんびょう》が広がり、地球がどんどん住みにくくなっていくでしょう。

ではなぜ二酸化炭素の濃度《のうど》が上がるのでしょうか。一八世紀に人間が石炭を使いだし、さらに石油、天然ガスを使い、そこに含《ふく》まれているすべての炭素を二酸化炭素に変えて大気中に捨《す》てているからです。

印つけをやってみよう！

話題の変化を示す接続語を見つけましょう。話題が変わるところに∨をつけます。

ヒント

形式段落ごとの要点をつかみましょう。くり返される言葉は要注意です。

ところで、人間が発生させている二酸化炭素の由来をみると、二つに大別できます。

一つは、化石燃料をエネルギー（電気、動力、熱）として利用するとき必ず排出《はいしゅつ》されるもので、これは「エネルギー由来のごみ」です。もう一つは、紙、衣類、食物、プラスチックといった有機化合物を利用したのち、ごみとして捨てたときに発生するもので、いわば「ごみ由来のごみ」です。この二つのごみは、もとをたどれば地球にある資源《しげん》です。その量は、第一の「エネルギー由来のごみ」が圧倒的《あっとうてき》に多いのですが、第二の「ごみ由来のごみ」も、日本では五％以上を占めると推定《すいてい》されます。エネルギーの利用もごみ処理《しょり》も、私たちがよりよい生活をするうえで必要なものですから、人間のよりよい「生」への欲望《よくぼう》がその正反対の「死」を招《まね》くという矛盾《むじゅん》をかかえているのです。

温暖化とならぶ大きな問題が、フロンによるオゾン層《そう》の破壊《はかい》です。

フロンは人体にはまったく無害な気体ですが、これを大気中に捨てると、どこの国に住んでいようと世界中のすべての人間に取り返しのつかない悪影響《あくえいきょう》を与えてしまいます。この点で二酸化炭素と似《に》ています。

太陽から地球に放射されている電磁波《でんじは》には、生きものに有害なX《エックス》線《せん》や紫外線《しがいせん》が含まれていますが、地球をおおっているオゾン層がこれを吸収し地上を保護《ほご》してくれているのです。オゾン層が破壊されると紫外線が強くなり、これが生物の染色体《せんしょくたい》の遺伝子《いでんし》を破壊してしまいます。その結果、植物ではたとえばイネの種を蒔《ま》いても収穫《しゅうかく》ができないということが起こり、動物では奇形《きけい》が増え人間にも同じことが起こります。

フロンは身近なところでは、冷蔵庫《れいぞうこ》やエアコンに使われています。これらがごみになったとき、埋《う》め立て処分《しょぶん》や破砕《はさい》して金属を回収リサイクルするこれまでの方法では、フロンは大気中に放出されてしまいます。二〇〇五年に使用は全廃《ぜんぱい》されましたが、オゾン層に達するまでに二〇年くら

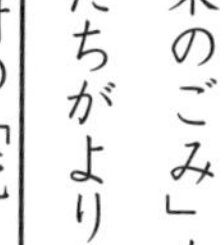

「オゾン層《そう》の破壊《はかい》」というのはよく聞く言葉だね。

どんな悪影響《あくえいきょう》があるんだろう。

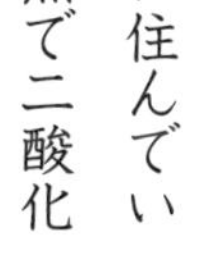

ヒント

段落ごとの要点をふまえて、話題のつながりや切れめを判断《はんだん》しましょう。

いかかりますので、そのあいだにオゾン層《そう》のフロンは増《ふ》えつづけるでしょう。また、たとえば現《げん》在《ざい》使っている冷蔵庫がごみになったとき、日本では回収が義務《ぎむ》づけられていますが、それでもフロンの一部は大気中に放出されてしまいますし、世界全体でみると回収される量のほうが少ないでしょう。

　オゾン層が回復するまでに、あと五〇年くらいは必要といわれています。

（八太昭道「ごみから地球を考える」より）

※顕在化《けんざいか》…かくれていたものがはっきりとすること。

問1　本文を二つの段落に分けたとき、後半はどこからになりますか。そのはじめの五字をぬき出して答えなさい。（句読点もふくみます。）

問2　問1で分けた後半部分をさらに二つに分け、二つめのはじめの五字をぬき出して答えなさい。（句読点もふくみます。）

ヒント

問1の後半のテーマは何でしたか。より具体的に説明されていることに注目して、さらに分けていきます。

問3 ――線部「人間のよりよい『生』への欲望《よくぼう》がその正反対の『死』を招《まね》くという矛盾《むじゅん》」とありますが、どういうことですか。その内容として最もふさわしいものを次の中から選び、記号で答えなさい。

ア ごみがもとをたどれば地球にある資源《しげん》であるように、人間も死んだら地球にかえっていくものだということ。

イ 生活をするのに必要な物を作る技術《ぎじゅつ》が、人間同士傷《きず》つけ合うような武器《ぶき》の製造《せいぞう》に使用される場合もあること。

ウ 人間にとって生きるのに便利な環境を追求することが、かえって有害な悪影響《あくえいきょう》をおよぼす結果を生んだこと。

エ 多数の環境難民《かんきょうなんみん》が出ることがわかっているのに、二酸化炭素《にさんかたんそ》の発生量をおさえることができないということ。

□

ヒント

「矛盾《むじゅん》」とは、つじつまが合わないことです。

16 オリジナル表現を見つけよう

強調する　つなぐ　区切る　まとめる

説明的文章［説明文・論説文］

印つけのポイント

オリジナル表現に——を引き、対応する部分と——↓でつなぐ

具体例として実際の事例を出し、説明を進めるのは一般的《いっぱんてき》ですが、他では見られないような筆者の発想や、たとえ（比喩《ひゆ》）の表現を用いて伝えることがあります。そのような独創的な部分を「オリジナル表現」と言います。

なかでも比喩的表現は、何が何にたとえられ、どのような関係性を持つのかを正確《せいかく》に読み取らなければなりません。

筆者独自の「オリジナル表現」を見つけたら、それに対応する部分とつないで内容を理解していきましょう。

例

オリジナル表現に——を引き、それに対応する部分と——↓でつなぎます。

人間のお医者さんも、家の近くの小さなクリニックと、大きな総合《そうごう》病院とでは役割も特ちょうもちがい、それぞれが協力しあって人々の健康を守っています。樹木医《じゅもくい》の世界もそれと同じなのです。

じつはわたしは、「樹木医の精神科」だと自分のことを考えることがあります。枝《えだ》を切ったり、根をほり起こして治りょうしたりするのは、手術をするのと同じですから、外科といえるでしょう。さまざまな方法で樹木の内部のようすを調べたりして、樹木が弱っている原因をつきとめるのは、内科といえるかもしれません。もちろん、そういったこともしますが、

オリジナル表現を見つけたら、対応する部分はどこかを考えて印をつけていこうね。

わたしが樹木医として大切にしたいと考えているのは、その木が、もっと生きようとしているかどうかということと、周りの人々がその木にどんな思いをもっているかということです。

（石井誠治「わたしは樹木のお医者さん」より）

解説《かいせつ》

「樹木医」は樹木の不調を治す医師ですが、樹木を診察《しんさつ》するのを外科・内科・精神科と表したのは、筆者のオリジナル表現です。

特に、気持ちが存在《そんざい》しない植物に、心の病気を治療《ちりょう》する「精神科」という言葉を使っているのは不思議ですね。

これは、樹木とその木の周りの人々の気持ちを考える医者だから、まるで「精神科」のようだと表現しているのです。

・その木がもっと生きようとしているか（樹木の気持ち）
・その木にどんな思いをもっているか（周りの人々の気持ち）

精神面をサポート（精神科）

STEP 1

次の文章を読んで、後の問いに答えなさい。

▼答えは、別冊82ページ

カレーができる。皿にご飯を盛《も》ってカレーをかける。できあがったカレーライスを食べながら、ジャガイモやたまねぎの元の形がないと怒《おこ》る人はいないだろう。確《たし》かに素材はジャガイモやたまねぎやニンジンだけど、そのままでは料理にならない。

もちろんニュースの場合は、できるだけ素材《そざい》を切り刻《きざ》んだり調味料を使ったりしないほうがいい。でもテレビの場合は時間が、そして新聞や雑誌《ざっし》の場合は文字数が、一定の量に限られている。素材をそのまま使っていては皿からはみ出してしまう。だから調理をしながら、いかに素材の味を引き出すかが問題になる。でも中には、素材の味などにあまり関心を持たずに、調味料ばかりを使う記者やディレクターがいる。確かに刺激的《しげきてき》でとりあえずは美味しいかもしれないけれど、でも素材の本当の味はどこにもない。そこにあるのは、みんながジャガイモやニンジンらしいと思う味なのだ。

「森さんはヤラセをやったことはありますか？」と時おり訊《たず》ねられる。そんなとき僕《ぼく》は、その質問をした人が、どんな意味でヤラセという言葉を使ったのかを訊《き》き返すようにしている。

事実にないことを捏造《ねつぞう》する。これがヤラセだ。その多くには、みんなから注目されるとか評判《ひょうばん》になるとかの見返りがある。ただしここまで読んでくれたなら、その判定《はんてい》は実は簡単《かんたん》ではないことは、あなたもわかってくれると思う。事実は確かにある。でもその事実をそのまま皿に載《の》せても食べづらい。というか皿に載らない。だからみんなが喜んで食べてくれるように調理をする。切り刻む。余分だと思えば捨《す》てる。これが演出だ。

ヤラセと演出のあいだには、とても曖昧《あいまい》で微妙《びみょう》な領域《りょういき》がある。そんなに単純《たんじゅん》な問題じゃない。

印つけをやってみよう！

興味をひくような比喩《ひゆ》は、筆者のオリジナル表現である可能性があります。——を引きましょう。

ヒント

何をたとえたものかがわかったら、比喩表現とその部分とを→でつないでみましょう。

ヒント

「ヤラセ」と「演出」について、曖昧《あいまい》で区別できない部分があるのはなぜでしょうか。

でも報道《ほうどう》したりドキュメンタリーを撮《と》ったりする側についてひとつだけ言えることは、自分が現《げん》場《ば》で感じとった真実は、絶対に曲げてはならないということだ。そして同時に、この真実はあくまでも自分の真実なのだと認識《にんしき》することも大切だ。同じ現場にいたとしても、感じることは人によって違《ちが》う。

つまり胸《むね》を張《は》らないこと。負い目を持つこと。

メディアやジャーナリズムにおいては、これがとても重要だと僕は考える。自分は決して客観的な事実など伝えていない。自分が伝えられることは、結局のところは主観的な真実なのだ。そう自覚すること。そこから出発すること。だからこそ自分が現場で感じたことを安易《あんい》に曲げたり変えたりすり替《か》えたりしないこと。

たったひとつの真実を追究します。

こんな台詞《せりふ》を口にするメディア関係者がもしいたら、あまりその人の言うことは信用しないほうがいい。確かに台詞としてはとても格好《かっこう》いい。でもこの人は決定的な間違いをおかしている。そして自分がその間違いをおかしていることに気づいていない。

真実はひとつじゃない。事実は確かに一つ。ここに誰《だれ》かがいる。誰かが何かを言う。その言葉を聞いた誰かが何かをする。たとえばここまでは事実。でもこの事実も、どこから見るかで全然違う。つまり視点《してん》。なぜなら事実は、限りなく多面体なのだから。

（森達也「たったひとつの『真実』なんてない」より）

ヒント

筆者が最も大事だと考えていることを読み取りましょう。

問 ——線部「素材の本当の味はどこにもない」とありますが、これはどういうことをたとえていますか。次の文にあてはまるように本文中から六字で探《さが》し、ぬき出して答えなさい。(句読点はふくみません。)

を伝えることはできないということ。

ヒント まず「素材」が何を意味しているのかを考えましょう。

STEP 2

次の文章を読んで、後の問いに答えなさい。

▼答えは、別冊83ページ

これまで花粉症《かふんしょう》になったことがない人というのはいっぱいいるだろう。血便が出たことがある人は限られている。鼻血を出したことがない人も少しはいるのではないかと思う。けれども、お腹《なか》が痛《いた》くなったことがない人はめったにいない。

なぜか？

それは、腹痛《ふくつう》というのが正確《せいかく》には病気そのものを指す概念《がいねん》ではなくて、単なるアラームに過《す》ぎないからである。

病気や平気のことを考えるとき、ぼくらはまず、どこが痛いとか苦しいとかいう症状《しょうじょう》を思い浮《う》かべる。しかし痛いとか苦しいという現象《げんしょう》イコール病気ではない。

例え話で説明しよう。※ルパン三世とかキッドのような怪盗《かいとう》が侵入《しんにゅう》する美術館には、防犯《ぼうはん》センサーが取り付《つ》けられている。センサーが侵入者に反応するとアラームが鳴り響《ひび》く。アラームは、

印つけをやってみよう！

筆者のオリジナル表現と思われるところに——を引きましょう。そして、その表現の意味を具体的に示す部分を→でつなぎましょう。

宝石《ほうせき》を入れるケースが破壊《はかい》される前にけたたましく鳴るから意味があるのであって、すっかりお宝《たから》を奪《うば》われたあとに鳴ってもしょうがない。アラームは実害が及ぶ前に鳴り始める。これと同じで、真に病気になる前から鳴るのが「痛み」である。体にはセンサーが張《は》り巡《めぐ》らされており、病気の徴候《ちょうこう》を察知すると痛みという名のアラームが鳴り響く。

美術館にとっては宝石を盗《ぬす》まれたことこそが一大事なのであって、アラームが鳴ること自体は別に大した問題ではない（うるさいけれど）。これに対して①人体の場合は、アラーム自体がそもそも不快で、かつ重要な問題である。普通に生きて暮《く》らしている私たちにとっては、自分が病気かどうかなんてことよりも、痛いかどうか、苦しいかどうかのほうがはるかに切迫《せっぱく》した大事件だ。だからこそ痛み止めという商品が売れる。実際のところ、痛いからと言って毎回必ず病気であるとは限らない（　②　）のだけれど。

ということで本項《ほんこう》では、病気を考える前にアラーム、すなわち痛みについて考えてみようと思うのだが、痛みをひと言で簡単《かんたん》に語ろうと思うとそれこそ痛い目に遭《あ》う。痛くなる部位によって痛みの持つ意味がまるで違《ちが》うし、腹痛ひとつ例に挙げても様々なのでなかなか難《むずか》しい。あきらかに軽症で放っといてよい腹痛もあれば、激烈《げきれつ》で動けなくて命に関わるような腹痛もある。仮病《けびょう》の原因《げんいん》に使われて保健室でサボるダシにされる腹痛もあれば、真の病気が隠《かく》れていて早く治療《ちりょう》しないと生命に危険《きけん》が及《およ》ぶような腹痛もある。

程度《ていど》の差。深刻さの違い。症状が激《はげ》しければ必ず重大な病気が隠《かく》れているというわけでもないから難しい。平気ではないが病気でもない、という状態はあり得るし、逆《ぎゃく》にたいして痛みは強くないけれど大きな病気の氷山の一角だったりするとやっかいだ。便秘の痛みにのたうちまわって苦しんだ人もいれば、腸管《ちょうかん》が破《やぶ》れているのに痛みが少なくて気づかなかったため重症になってしまった人というのもまれにいる。

ヒント

「氷山の一角」とは、物事の一部分だけが外に現れていることのたとえで、あまり好ましくないことに対して使われることが多いです。

痛《いた》みの種類をきちんと分類して、痛みの症状《しょうじょう》や原因《げんいん》を見極《みきわ》めることができれば、真に心配しなければいけない病気を反映《はんえい》した腹痛と、放っておいても大丈夫なハライタとを区別できて便利である。そもそも、なぜアラームが鳴っているのかわからない状態というのは不安だ。不安は人類が戦《たたか》うべき最強の症状であり、知恵《ちえ》はときに不安を和らげてくれる。つまり、いろいろ知っておいてはどうですか、ということだ。

そもそも③あらゆる痛みや苦しみは、本来、生命にとって必須《ひっす》の機能である。人体は何かがあると、機能としてのアラームを発する。熱いやかんに触《さわ》ったときに、痛みにも似《に》た「あっつ！」という感覚があって手を反射的にひっこめるからこそ、ヤケドを最小限に抑《おさ》えることができる。うっそうと茂《しげ》った森の中を歩いていて、飛び出ていた木のトゲが腕《うで》をチクリと刺《さ》したときに「いって！」という感覚があってスバヤク逃《に》げるからこそ、ケガを最小限に抑えることができる。もしこのとき、熱さ、痛さを感じなければ、やかんの熱は手を深々と侵《おか》して、軟部《なんぶ》組織まで焼けただれてしまうだろうし、木の枝は腕にしっかり刺さって肉を切り裂《さ》き血が大量に吹《ふ》き出るだろう。

腹痛もこれと一緒《いっしょ》だ。人体に危険《きけん》を察知させ、回避《かいひ》行動を取らせるためのシグナル。アラームは一種類ではなく、痛みの原因部位によって異《こと》なるタイプの痛みが生じる。

（市原真「どこからが病気なの？」より）

※ルパン三世とかキッド…どちらも漫画《まんが》やアニメに登場する怪盗《かいとう》の名前。

オリジナル表現がたくさん使われているよ。
おもしろい表現があると、読むのが楽しいね。

問1　――線部①「人体の場合は、アラーム自体がそもそも不快で、かつ重要な問題」とありますが、これはどういうことですか。次の中から最もふさわしいものを選び、記号で答えなさい。

ア　痛みや苦しみを経験していない人はおらず、不快なことをみんなが知っていること。

イ　美術館《びじゅつかん》と違いアラームは必要なく、どうやって停止するかが人間の悩みであること。

ウ　人体のアラームは人により鳴り方が異なるので、他人に理解されにくいということ。

エ　自分が病気であると診断《しんだん》されるよりも、体の不調を改善する方が大事だということ。

問2　［②］にあてはまる表現として最もふさわしいものを次の中から選び、記号で答えなさい。

ア　ひとつ残らず宝石《ほうせき》を奪《うば》われたかもしれない

イ　まだ泥棒《どろぼう》は何も盗《ぬす》んでいないかもしれない

ウ　怪盗《かいとう》は計画を練《ね》っていただけかもしれない

エ　アラームは聞こえていないのかもしれない

ヒント

人体における「アラーム」とは何でしょうか。また、その働きは何ですか。

問3 ——線部③「あらゆる痛《いた》みや苦しみは、本来、生命にとって必須《ひっす》の機能」とありますが、それはなぜですか。「痛みや苦しみは、」に続くように、本文中の言葉を使って三十字以内で説明しなさい。（句読点はふくみません。）

痛みや苦しみは、

。

ヒント

「必須《ひっす》」というのは、なくてはならないこと。「痛みや苦しみ」は、つらいものなのに必要である理由を答えます。

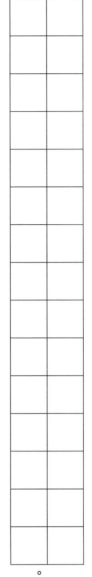

【著者紹介】

今中　陽子（いまなか・ようこ）

◉——スタディサプリ中学講座にて国語を担当。小学生から高校生まで幅広い学年の生徒を指導し、超難関校への合格実績も多数。塾や学校の教材・模試の執筆にも携わる。

◉——国語でつまずく原因の1つが、初見で情報を整理し分析する力が弱いこと。本著で、全体の骨組みが見えてくるような「印つけ」を習得し、成績アップにつなげてほしいと願っている。

◉——監修を担当した本に『改訂版　中学入試にでる順　四字熟語・ことわざ・慣用句』（KADOKAWA）などがある。

小学生《しょうがくせい》のための国語《こくご》「印《しるし》つけ」トレーニング

2023年６月19日　　第１刷発行

著　者——今中　陽子
発行者——齊藤　龍男
発行所——株式会社かんき出版
東京都千代田区麴町4-1-4 西脇ビル　〒102-0083
電話　営業部：03(3262)8011㈹　編集部：03(3262)8012㈹
FAX　03(3234)4421　　　　　　振替　00100-2-62304
https://kanki-pub.co.jp/

印刷所——大日本印刷株式会社

ISBN978-4-7612-3093-7 C6081

カバー・本文デザイン　waonica
本文イラスト　小林由枝（熊アート）
本文DTP　ニッタプリントサービス

小学生のための
国語「印つけ」トレーニング
別冊（解答と解説）

1 登場人物を見つけよう

STEP 1（本編8ページ）

足立《あだち》のくせに、転校のつらさも知らないくせに、偉《えら》そうなこと言わないでよ。そんなふうに怒《ど》鳴《な》りそうになるのをこらえられたのは、足立が本気であたしを心配してくれているのが、その表《ひょう》情《じょう》から伝わってきたからだ。

（この文章は「あたし」の視点で書かれていますね。）

「おまえさ、やっぱ早いとこあいつらに話したほうがいいって。なんならおれが代理で話してやろうか？」

「そんなわけいかないでしょ。いいわよ、ちゃんと自分で言うから。けど、これまでずっと隠《かく》してたのに、いまさら転校するなんて、どう伝えたらいいか……」

そこまで言いかけたところで、足立が急に慌《あわ》てた顔になった。足立の視線《しせん》を追って振《ふ》りかえると、あたしのすぐ後ろで、桃《もも》が呆然《ぼうぜん》と立ち尽くしていた。

「梢《こずえ》ちゃん、転校って、どういうこと？」

（桃は「あたし」のことを「梢ちゃん」と呼んでいます。）

泣きかけのような声で桃が尋ねてくる。あたしが言葉をなくしてしまっていると、足立が代わりにごまかしてくれた。

「誤解《ごかい》誤解。いや、おれの従姉と飯島《いいじま》が仲よくってさ。その従姉が今度転校することになって、いまはその話をしてたとこ」

（足立は「あたし」のことを「飯島」と呼んでいます。）

なっ、と足立がこっちを見るので、あたしも慌てて、「そうそう」と話をあわせた。

「それじゃあ飯島、あいつに挨拶《あいさつ》するつもりがあるんだったら、早めにしておけよ。転校してから後悔《こうかい》したって知らねえぞ」

足立はあたしにそう告《つ》げると、先に行かせた仲間を追って、駆《か》け足で去っていった。足立の言葉が胸《むね》に刺《さ》さるのを感じながら、あたしは桃の顔を見おろした。桃はおどおどした瞳《ひとみ》で、あたしのことを見つめていた。

桃の疑いを拭い去るように、あたしはせいいっぱいの笑顔を浮《う》かべてみせた。

美貴《みき》がうちにやってきたのは、夕飯の支度《したく》をはじめてすぐだった。

「どうしてずっと隠してたのよ、転校するなんて！」

本文につけた印をもとに、登場人物を整理していきましょう。

登場人物

- **あたし**
- **桃**
- **美貴**
- **（あたしの）おばあちゃん**
- **美貴のおばあちゃん**

物語《ものがたり》の中心に「あたし」がいて、気持ちや行動《こうどう》が「あたし」の視点でえがかれていますね。

ですから、主人公は「あたし」です。

このように、主人公が「語り手」のような役割も果たすことがあります。

強調する　つなぐ　区切る　まとめる

足立の嘘《うそ》で桃を完全にごまかせたと思えなかったから、転校がばれることはある程度《ていど》覚悟《かくご》していた。だけど、もしばれて責《せ》められるとしても、明日の学校でだろうと予想していたから、いきなり美貴が訪《たず》ねてきたときはうろたえてしまった。

美貴は家に帰ったあと、桃からかかってきた電話で、あたしと足立の会話について聞いたらしい。それからすぐにおばあちゃんを問いつめて、あたしの転校を知ったのだという。美貴のおばあちゃんは、あたしのおばあちゃんと仲がよくて、引っ越しのことも最初から知っていたのだ。あたしから伝えるまで、美貴には内緒《ないしょ》にしておいてほしい、とお願いしていたはずだけど、たぶん美貴は強引に聞きだしたんだろう。

「あたし」のおばあちゃんと美貴のおばあちゃんの関係を確認しましょう。

（如月かずさ「給食アンサンブル」より）

問　この文章の主人公はだれですか。名前をフルネームで答えなさい。

飯島梢

「あたし」は、

- **桃からは「梢ちゃん」**
- **足立からは「飯島」**

と呼ばれているので、**「飯島梢」**という名前だということも読み取れます。

転校するのを知っているのは、足立などわずかな同級生だけで、親友の美貴や桃に打ち明ける前に知られてしまった場面です。

STEP 2 （本編12ページ）

いちばん盛《も》りあがりを見せたのが、※数学研究部で起こる木曜日のミステリーの話だった。

「ほう。それはおもしろいですね」

関口教授《せきぐちきょうじゅ》も体を前のめりにした。

「そうなんっす。最初はたまたま自分がやりかけの問題を忘《わす》れて帰ったんっすけど」

「次の回にはそこに、解答《かいとう》らしきものが書き入れてあって。めっちゃ癖字《くせじ》だったので、ただの落書きかと思ったんですが、よく見ると数字や記号の連なりだったんです」

「ベートーヴェンが夜中に書いた楽譜《がくふ》のように読み解けなかったな」

関口教授「で、誰《だれ》がやっていたのですか」

回想する三人に関口教授がそう問うと、朝先生《あさ》が口を挟《はさ》んだ。

朝先生「誰だと思いますか？」

関口教授「まるで神さまみたいですね」

朝先生「そうでしょう」

部員三人の発言が、それぞれだれの発言なのかは、ここではわかりません。

二人は謎《なぞ》の会話をしながら笑い合っている。

何？　何？

とわをはじめとして、ほかの部員三人もいぶかしげな顔をしていた。期待にわずかな恐怖《きょうふ》が混《ま》じった空気が張《は》りつめる。

と、押《お》し殺《ころ》すような静寂《せいじゃく》の中、美織《みおり》が「ぷっ」と噴《ふ》き出した。

「そういえばとわちゃんったら、小人の靴屋《くつや》とか想像してたんだよね」

「小人の靴屋って、貧《まず》しい靴屋が作りかけの靴を置いて寝たら、朝になったらできてたってやつ？」

意外にも、在《あり》はあらすじをちゃんと知っていた。そのうえさらに意外だったのは、朝先生のひとことだ。

「ああ、そういうことなのよ。ね、先生」

朝先生は含《ふく》み笑いのまま、関口教授に同意を求めたのだ。

「そうですね。神さまは手帳を持っているといいますからね」

「神さま？　手帳？」

繰り返しただけで、とわの胸は跳ねた。

「そうなのですよ。数学者の間では、そういう表現をすることがあるのです。我々《われわれ》は、難《むずか》しくてわからない問題をずっと長いこと解いているわけです。まるでスルメでもかむみたいにずっと考えている。夢《ゆめ》の中でも解いているんですよ」

「夢で、ですか？」

悪夢《あくむ》だ。

日常生活に支障《ししょう》をきたすだけでなく、睡眠《すいみん》の邪魔《じゃま》までされてはたまらない。とわは、ぞっとしたが、教授はむろん平気そうだ。

「ええ。夢も自分の脳《のう》が見せるものですからね。イメージができていれば解けることもあるんでしょうね。まあとにかく、二十四時間三百六十五日の間、気がついたら頭の中に数字がある」

とわは、そっと在を見た。こちらも当たり前のような顔をしている。※巷《ちまた》にあふれる数字に対し何かせずにいられないらしい在は、やはり立派《りっぱ》な数学者だ。

「ところが、そんなふうにして何年も何年も考えていてもわからなかった問題が、あるとき突然《とつぜん》わかることがあるんですよ」

「ひらめくんですね」

在はそれこそがひらめきとばかりに目を輝《かがや》かせた。

――線①の前の会話は、教授《きょうじゅ》と先生が交《か》わした言葉です。

この部分から、「とわ」は部員ではないことがわかります。

「とわ」の視点《してん》で物語《ものがたり》が進んでいるので、この文章の主人公は「とわ」です。

「そうなんです。ピンとね。それを表して、数学者は『神さまから手帳を見せてもらった』と言うのです」

「そういうことはありますね。モーツァルトも一晩の間に名曲を何曲も作っています。あれも神がかっているとしか言えません」

「土俵《どひょう》にも神が宿っているっす。だから、思わぬ力が出ることもあるけど、ひどい目にあうこともある」

「芸術《げいじゅつ》の神は※ミューズだしね」

「小説家も物語がおりてくるとか、ふってくるとか言いますね。あれも神さまかな」

　とわの心も高鳴った。

（中略）

　帰りは正規《せいき》のルートを通った。舗装《ほそう》された坂道を、とわはすっきりとした気分で歩いた。とわだけではなく、美織も響も章も、そして在も。新しい力が芽生えたような、晴れ晴れとした顔をしていた。

（まはら三桃『無限の中心で』より）

※数学研究部…部員は男子三人が在籍《ざいせき》している。

※巷…世間・世の中。

※ミューズ…女神。

問1　——線部「二人」とありますが、だれとだれを指していますか。本文中から探《さが》し、ぬき出して答えなさい。

関口教授

朝先生

問2　この場面に出てくる登場人物は何人ですか。漢数字で答えなさい。

答え方

七 人

最後の一文で、やっとすべての登場人物名がわかりましたね。

登場人物は七人です。

登場人物

・関口教授
・朝先生
・とわ（主人公）
・美織
・在
・響
・章
（在・響・章）数学研究部員

2 人物の「気持ち」を見つけよう

STEP 1 （本編18ページ）

「だめだよ。」とぼくはいった。「ぜったいに、きっちゃだめ。」

うしろから圭《けい》ちゃんが「伸《のぶ》くんのばんよ。」と、ぼくを呼んだ。

ぼくはふたりのところへもどると、「ぼくやめる。」と、持っていたトランプを床《ゆか》に投げた。

（行動）

「ねえ、きっちゃだめだよ。」

お父さんたちのテーブルのそばに行って、三人にいった。

三人ともだまっていた。

「『いい木だろ』っておじいちゃんはいってたよね。『こんなに大きいネムノキはめったにないよ。小鳥の贈《おく》り物だ』っていってたよ。それをきるの？ ネムノキはただ、自然に大きくなっただけだよ。だめだよ、だめだめ。」

ぼくは泣きだしていた。

体のなかが熱くなって、体じゅうを血がぐるぐるとまわりはじめ、心臓《しんぞう》がどくんどくんと大きい音をたてていた。

胸《むね》のなかにいろんな気持ちがわきおこっていた。悲しい気持ちがいちばん大きかった。あのネムノキがきり倒《たお》される、と考えただけで、胸がやぶけそうに悲しかった。それから、怒《いか》りの気持ちもあった。

（悲しい理由）

どうしてそんなことを三人でかんたんに決めちゃうんだ、とおじいちゃんたちに対して腹《はら》がたっていた。枝《えだ》が車にあたりそうになったと文句をいってきた人にも腹がたったし、だいぶまえからおじいちゃんたちの話が耳に入っていたはずなのに、しらん顔をしていたお母さんとおばさんにも腹がたった。

（腹をたてた理由）

「ぜったいだめだから。」

ぼくはだらだら涙《なみだ》を流しながらさけんだ。

「おいおい、伸くん。そんなにネムノキがすきだったの？ あの木にそんなに興味《きょうみ》を持っている

「怒《いか》り」が表れた行動ですね。

直接的な表現で、「ぼく」の気持ちが何回も出てきています。

強調する

つなぐ

区切る

まとめる

ようには見えなかったけどなあ。」

半分笑いながらおじさんはいった。

お母さんがぼくのそばに来た。

「まだ、話し合ってるだけだからね。そう決めたわけじゃないんだから。」

「伸くんのそういうやさしい気持ちは大事だけど、そういう気持ちだけじゃ、なにごとについても正しい判断《はんだん》をすることはできないよ。現実《げんじつ》っていうのはね、気持ちだけじゃ片《かた》づかないことのほうが多いから。伸くんにもそのうちわかるよ。」

そういうとおじさんは、木をきることなんてなんでもないことなんだ、というような笑い方をした。

「だめ、だめ。」と、ぼくは泣きながらいった。

「こまったなあ。」とおじさんはいった。

お母さんはぼくの頭をなでようとした。

ぼくはその手をふりはらった。

「ばかだ。おとなはみんな大ばかだ。」

せりふ

ぼくにはもっといいたいことがあった。ネムノキについて。でも、どういえばいいかわからなかった。どう話せば、おとなはわかってくれるのだろう。ぼくは泣いている自分がなさけなかった。

わかってもらえない！

ぼくは泣きながらテラスにでた。そしてうしろのガラス戸をしめた。テラスの椅子《いす》にすわってから涙をふいた。胸のなかは嵐《あらし》のようだった。いろんな気持ちがぶつかり合っていて、どうすればもとのような落ち着いた気持ちになれるのかわからなかった。

対比↔

ネムノキは暗やみのなかで変わらない姿《すがた》で立っていた。葉を落とした枝を空にむかって大きくひろげていた。あちこちの枝の先が小さく揺《ゆ》れていた。

ぼくはみんなが帰る時間になるまで、家に入ろうとしなかった。お母さんが何度か家に入るようにいいに来たけれど、ぼくはいうことをきかなかった。お母さんはジャケットを持ってきて、ぼくに着せた。

（岩瀬成子「ネムノキをきらないで」より）

「ぼく」と対照的な様子。ネムノキを軽く考えていますね。

お母さんは「ぼく」をなだめようとしています。

理解してくれない大人にいらいらする気持ち。

納得《なっとく》できない気持ちを表しています。

問　「ぼく」が泣いたのは、どういう気持ちからですか。本文中のことばを使って、中心となる気持ちを二つ、それぞれ五字程度《ていど》で答えなさい。（句読点はふくみません。）

答え方

悲しい気持ち

腹がたつ気持ち

（怒りの気持ち）

文末表現「……気持ち。」でまとめたかな？

発展

「気持ち」をくわしく答えるときは、なぜそういう「気持ち」になったのかという理由を入れます。

【例】

・ネムノキをきってしまうことを悲しむ気持ち。

・木をきることをかんたんに決めた大人に腹をたてる気持ち。

STEP 2（本編21ページ）

〔「僕《ぼく》」はピアノの調律師《ちょうりつし》の仕事をしている。長い間放置されていたピアノの調律を終えたことを、その家に住む青年に伝えた場面である。〕

「試しに弾《ひ》いてみていただけますか」

聞くと、しばらく間を置いて、かすかにうなずいた。

人と目を合わせもしない人が、人前でピアノを弾くとは思えなかった。だから、右手の人差し指一本で鍵穴の上のドを叩《たた》いたときに、その一音だけでも弾いてくれてよかったと思ったのだ。ド、は思いがけず力強かった。青年はピアノの前に立って、一本の指でドを弾いたまま動かなかった。ドだけでは調律の具合はわからないだろう。できればもう少し弾いてもらえないか、と声をかけようとしたとき、彼はゆっくりとふりかえった。顔に驚《おどろ》きが表れていた。その目は一度たしかに僕の目と合い、それからまた外された。彼は人差し指を親指に替《か》え、もう一度ドを弾いた。それから、レ、ミ、ファ、ソ、と続けた。左手を身体の後ろで振《ふ》るようにして、椅子《いす》を探した。椅子にその指の先が届くと、ピアノのほうを向いたまま左手で椅子を引き寄せ、すわった。

そうして、両手でドから一音ずつ丁寧《ていねい》に一オクターブ鳴らしていった。

試し弾きをされている間は、普段《ふだん》なら気が抜《ぬ》けない。（　①　）だ。でも、今日は、調律前よりも空気が和んでいた。

青年が、椅子にすわったまま肩越《かたご》しにこちらをふりむいた。

「いかがですか」

行動

予想とちがうのでおどろく気持ち

つまり！

「驚き」の理由は、ここではまだわかりません。読み進めましょう。

「気が抜けない」とは「気をつけないといけない・油断できない」という意味。

聞くまでもない。笑っていた。青年は笑っていた。まるで、あの写真の中の少年のようだった。よかった、と思うまもなく、またピアノのほうを向いたかと思うと、何か曲を弾きはじめた。

◇青年が「僕」の調律に満足しているという手ごたえ

ねずみ色のスウェットの上下で、髪《かみ》は起きぬけのぼさぼさのままで、大きな身体を丸めて弾いている。テンポがゆっくり過ぎてわからなかったが、ショパンの子犬のワルツだった。

曲はしばらく像を結ばなかった。それが、だんだん、子犬の姿が見えるようになった。調律道具を片づけはじめていた僕は、驚いて青年の後ろ姿を見た。大きな犬だ。ショパンの子犬はマルチーズのような小さな犬種のはずだったけれど、この青年の子犬は、たとえば秋田犬や、ラブラドール・レトリーバーの、大きくて少し不器用な子犬なのだ。テンポは遅《おそ》いし、音の粒《つぶ》も揃《そろ》ってはいないけれども、青年自身が少年のように、あるいは子犬のように、うれしそうに弾いているのがよく伝わってくる。ときどき鍵盤《けんばん》に顔を近づけて、何か口ずさんでいるようにも見えた。こういう子犬もいる。こういうピアノもある。

◇それぞれの個性をみとめる気持ち

一心にピアノを弾く青年の背中を眺《なが》め、やがて短い曲が終わったとき、②僕は心からの拍手《はくしゅ》を贈《おく》った。

（宮下奈都「羊と鋼の森」より）

問1（　①　）にはどのような気持ちがあてはまりますか。最もふさわしいものを次の中から選び、記号で答えなさい。

ア　ほかの方法があったかもしれないという後悔《こうかい》

イ　時間内に仕事を終えることができないあせり

ウ　今回もすばらしい働きをしたという達成感

エ　自分の仕事を目の前で品定めされる緊張感《きんちょうかん》

エ

問2　――線部②「僕は心からの拍手を贈った」とありますが、「僕」のどのような気持ちを表していますか。説明しなさい。

◇答え方

青年の弾くピアノに感動がこみあげる気持ち。

（同意可）

青年の驚き ← 調律でよみがえったピアノの音色が、予想以上に満足するものだったこと。

「僕」の驚き ← 青年がこんなにもピアノをうれしそうに弾くとは予想していなかったこと。

この場面での「試し弾き」は、調律が正しくできているかを確認するためだということから考えてみましょう。

3 きっかけと「気持ち」をつなごう

STEP 1 （本編26ページ）

天井《てんじょう》をにらみつけながら、突然《とつぜん》飛び込《こ》んできた事実をどう受けとめたらよいのか、拓《たく》は困惑《こんわく》した。

いや、もしかしたら報道《ほうどう》自体に間違《まちが》いがあり、沢田《さわだ》先生が転勤《てんきん》するなんてことはないのかもしれない。そうだ。だれも沢田先生が転勤するなんて思っていなかったのだ。もしかしたら、同姓《どうせい》同名の人物がいるのかも。

いろんなことが次々に頭を巡《めぐ》って、拓は混乱《こんらん》した。

とにかく、学校へ行かなければ。これが本当だとしたら、今日の離任式《りにんしき》で、沢田先生はステージに上がって挨拶《あいさつ》する。でも、何かの間違いだったとしたら、その姿は見ないですむ。どちらにせよ、学校へ行けば本当のことがわかる。拓はとにかく学校へ行く仕度《したく》を始めた。

今日は、離任式後に、部活がある。拓は制服を着て、バッグに部活の荷物を詰《つ》め込んで、家を出た。

教室には多くの生徒が登校していた。あちこちで何人かずつ固まって、話し込んでいる。転任する先生の話で騒然《そうぜん》となっているようだった。

突然、後ろから肩《かた》を強くたたかれた。振《ふ》り向くと、亜美《あみ》がいた。

「遅《おそ》いよっ」

亜美が、怒《おこ》ったように言った。

「なんでだよ」

拓は、亜美の態度《たいど》にむっとして言った。

亜美は目を真っ赤にさせて、拓を見つめている。何か言おうとして唇《くちびる》が震《ふる》えたが、泣きそうになるのをこらえるように口を閉じた。

「これ」

とだけ、声を絞《しぼ》り出すように言って、差し出した、その手には色紙《しきし》があった。

「突然《とつぜん》飛び込《こ》んできた事実」とは、沢田先生が転勤《てんきん》することです。

拓《たく》は、沢田先生の転勤の話が、何かの間違いであってほしいと願っています。

亜美《あみ》が泣いていたと思われること、お別れの品としての色《しき》紙《し》が用意されていることなどから、先生の転勤が事実だとわかります。

強調する　つなぐ　区切る　まとめる

「なに？」

拓は、亜美を見た。

「早くしないと書く場所なくなっちゃうよ」

亜美が色紙に目をやった。

色紙の中央には、『沢田先生ありがとう』という言葉が花びらのマークで囲まれていた。その周りにはびっしりとクラスの生徒たちのメッセージが書き込まれている。「授業が楽しかった」とか「悩《なや》んだ時に相談に乗ってくれてありがとうございました」とかいう言葉が目に入った。

沢田先生は、みんなからも慕《した》われていたんだと思った。よく見ると、隣《となり》のクラスの生徒の名前も多くあった。学級委員の亜美と数人の女子が中心となって、大急ぎで回しているらしい。

「べつに、おれ、いいよ」

本音をかくそうとする気持ち

拓は、さらりと答えた。

「どうして？」

驚《おどろ》いたように亜美が目を見張《みは》った。

「字書くの苦手だし」

「なに言ってんの。あんた一番世話になったんでしょ、部活でも」

亜美が怒ったように声を上げた。

「ほらっ、純太《じゅんた》くんだって書いてる」

亜美が色紙《しきし》の隅《すみ》の方を指さした。そこに、純太の小さな文字が書かれていた。「三年の最後の大会まで先生と一緒《いっしょ》に戦いたかったです。純太」と、あった。その言葉を読んだとき、思わず感情が込み上げて、口もとが震《ふる》えた。

きっかけ

気持ち

拓も同じ思いだった。昨日まで、沢田先生とそんな話をしていたのだから。それが、なんで突然この学校を去《さ》ることになったんだ。やるせない思いにこぶしを握《にぎ》りしめた。

きっかけ

気持ち

「べつに、おれ、書くことないし」

拓は、色紙から目をそらした。

「拓、素直《すなお》になんなよ」

亜美が、拓をじっと見つめた。

本当は何か伝えないといけないと思う気持ち

こんな短い言葉では、今の気持ちを伝えることなどできないと思った。

「ほか回ってるから、その間に書くこと考えときなよ」

ここには拓の気持ちは書かれていません。普通にふるまっていますが、本当はかなりショックを受けていることが想像されます。

「やるせない」とは、どうしようもなく、気持ちのやり場がないこと。

沢田先生がいなくなる事実を受けとめられず投げやりになっている拓の気持ちを、亜美は理解しようとしています。

亜美は、色紙《しきし》を持って忙《いそが》しそうに行ってしまった。

（横沢彰「青春！　卓球部」より）

問　――線部「今の気持ち」とありますが、どんな気持ちですか。その気持ちになったきっかけを入れて「～気持ち。」につながるように、本文中から九字と五字でそれぞれぬき出して答えなさい。（句読点はふくみません。）

答え方

きっかけ

沢	田	先	生	が	転	勤	す	る

ので、

気持ち

や	る	せ	な	い

気持ち。

STEP 2 （本編29ページ）

「今度、森にクワガタをとりにいくけど……」

と小さな声でいった。私はそんなこともうどうでもよかったが、ケンタがたまたまそばを通ったイサム君に、クワガタ採《と》りの日にちを確認したので、私の気持ちはぐらぐらと揺《ゆ》れ動いた。クワガタ採集の日は夏休み初日だった。朝早くいくと森のなかの木にクワガタが集まっているのだとケンタはいった。私はあの※むしろの臭《にお》いも便所虫のことも忘れて、

「一緒《いっしょ》に行く」

と、ついいってしまったのだった。

当日、私は朝五時半に起きて集合場所の赤土の小山に歩いていった。犬の散歩をさせているおじいさんやおばあさんは、とぼとぼ歩いている私に、

「お嬢《じょう》ちゃん、どこへいくの」

と声をかけた。犬は尻尾《しっぽ》を振《ふ》っていた。ひんやりして草の匂《にお》いのする空気は、昼間の空気の匂いとは全然違《ちが》っていて、たくさん深呼吸《しんこきゅう》したくなった。小山にはもうケンタ※一派《いっぱ》がきていた。イサム君の姿《すがた》を見て、また（　①　）。

ぞろぞろと森のなかに入っていくと、青臭《あおくさ》い森の匂いに包まれ、スズメの声がうるさかった。

きっかけ

まよう気持ち

クワガタ採りに興味はなくても、イサム君が来ることがわかったから、参加することにしたのです。

名前も知らない小さな虫もぷんぷんとんでいた。物珍《ものめずら》しくて上のほうばかり見ていたら、

きっかけ

「石が転がっているから、あぶないよ」

という声がした。イサム君が私に注意してくれたのだ。

うれしい気持ち

「あぶないよ」ということばが私の頭のなかにわんわんと優《やさ》しく何度も共鳴し、体がかーっとなってそのあとふわふわしてきた。

「おい、いたぞ、いたぞ」

男の子たちは声を殺して、樹液《じゅえき》にむらがっているクワガタを指差した。オオクワガタもカブトムシのオスもいた。私も口では、

「わあ、すごい」

気持ち

といったものの、クワガタなんてもうどうでもよく、すべてがうわの空だった。男の子たちが目を輝《かがや》かせて、足をばたばたさせるクワガタやカブトムシを虫カゴにいれるのを見ながら、②私は生まれて十年の間でこんなに幸せだと感じたことはなかった。

夏休みの一日目からいいことがあって、私は浮《う》かれていた。母親から門と玄関《げんかん》の掃除《そうじ》をいいつけられても、にこにこしていうことを聞くので、母親は、

「新しいリリーちゃんの洋服が欲《ほ》しいんでしょう」

といった。もう私は喜んでお人形遊びをしているような歳《とし》じゃないのだ。もしかしたら男の子と仲よくなれるかもしれないのだ。宿題も決められた通り毎日ちゃんとやり、お手伝いもして私は※模範的《もはんてき》な生徒だった。夏休みが半分おわったある日、母親が買い物から帰ってきて、

きっかけ

「イサム君の家が引っ越《こ》ししていったよ。大きな家が建ったんですって。すごいわね」

とうれしそうにいった。母親がたまたま家の前をとおりかかったら、彼やおかあさんがトラックに荷物を運んでいたというのだ。

おどろく気持ち

目の前で太陽がかーっと照った。

「どこへ、どこへ引っ越したの」

「住所は書いてもらってきたけど……」

あせる気持ち

私は母親の手からメモ用紙をひったくった。新しい住所は埼玉県《さいたまけん》になっていた。

「学校は転校するって？」

きっかけ

「あ、聞かなかった」

母に対していらいらする気持ち

うちの母親は何て気がきかなくて、何てバカなんだろうと情けなくなった。ともかくここは何とかせねばならない。私はタンスの中からハガキを取り出し、昆虫《こんちゅう》図鑑《ずかん》と首っぴきでクワガタの絵を描《か》いて、イサム君に暑中見舞《みま》いを出した。学校のプール教室でケンタ一派に会うが、彼ら

これからイサム君と仲よくなれるのではないかという期待でいっぱいになっています。

にイサム君のことを詳《くわ》しく聞くのは気が引けたので、私は悶々《もんもん》として（気持ち）お返事がくるのを待つしかなかったのだ。

新学期になったらイサム君の姿はなかった。彼のかわりにものすごい大デブの男の子が転校してきた。

（きっかけ…うれしくない理由）

私の愛のシナリオでは、

「ぼくはヨシダさんが好きでした」

というお返事がくるはずだったが、毎日、毎日まるで癖《くせ》のようにポストを覗《のぞ》き続けたけれど、お目当てのハガキはとうとうこなかった。母親は、

「夏休みに頑張《がんば》ってくれたから」

（きっかけ…うれしい理由）

といって、リリーちゃんの黄色いドレスを縫《ぬ》ってくれて、そのうえ銀色のパーティ・ドレスのセットも買ってくれた。③うれしくもあったしうれしくもなかった。（気持ち）

（群ようこ「セミの抜《ぬ》け殻《がら》」より）

※むしろ…わらなどで編《あ》んだ敷物《しきもの》。
※一派…仲間。グループ。
※模範的…手本となるような様子。

問1　（　①　）にはどのような表現があてはまりますか。最もふさわしいものを次の中から選び、記号で答えなさい。

ア　じだんだをふんだ
イ　ほっぺが熱くなった
ウ　胸《むね》をなで下ろした
エ　目からうろこが落ちた

イ

問2　――線部②「私は生まれて十年の間でこんなに幸せだと感じたことはなかった」とありますが、「私」はどんなこと（きっかけ）で幸せだと感じたのですか。説明しなさい。（句読点もふくみます。）

（答え方）

イサム君が自分のことを心配してくれたこと。

「悶々《もんもん》とする」とは、心の中でじっとなやみ続ける様子。

夏休みに頑張《がんば》っていたのはイサム君のことで浮かれていたからで、母親の予想ははずれています。

イサム君を前にして、てれている様子を表す**イ**が正解。**ア**は、くやしいときなどに地面を激《はげ》しくふむこと。**ウ**は、心配ごとがなくなり、安心すること。**エ**は、物事について急に理解すること。

イサム君が「あぶないよ」と気づかってくれたことが、とてもうれしかったのです。

問3 ——線部③「うれしくもあったしうれしくもなかった」とありますが、うれしいと単純に思えなかった理由（きっかけ）が書かれている一文を本文中から探《さが》し、そのはじめと終わりの五字をぬき出して答えなさい。（句読点もふくみます。）

答え方

私	の	愛	の	シ

～

な	か	っ	た	。

期待していたのにイサム君から返事が来なかったことです。

4 かくれている「気持ち」を見つけよう

STEP 1 （本編36ページ）

後ろをふり返ってみたが、※ショクパンが追いかけてくる気配はなかった。

ごめんな。ごめんな。

石に足を取られて転びそうになった。胸《むね》が苦しい。わき腹《ばら》もいたい。地面にくずれそうになる寸前《すんぜん》、ようやくユウキは足を止めた。もう限界だった。 直接表現 目の前の木の幹《みき》に両手をつき、肩《かた》で大きく息をする。 行動 下をむくと、食べたばかりのクリームパンと牛乳をもどしそうになった。胸ははげしく鼓動《こどう》をうち、ひざはがくがくとふるえていた。

はぁはぁはぁはぁ

自分の息づかい以……。外は、なにも聞こえなかった。雨のようにふり注いでいた虫の声はどこへ消えたのだろう。 情景…とても静かな様子

顔を挙げて森の中を見まわしたとき、ユウキの心臓はちぢみ上がった。 直接表現 四方八方をたくさんのクマザサが取りまいていた。 情景…行く手をふさがれているよう ユウキは、こんな笹《ささ》の群生《ぐんせい》には記憶《きおく》がなかった。登ってきた登山道とは別の場所だった。

どこだ、ここは？

足下ばかりに気を取られ、とちゅうにあった分岐点《ぶんきてん》を見のがしていた。ユウキの全身から血の気が引いた。 直接表現 のみこもうとしたつばが、のどのおくに引っかかった。 行動 風にゆれた笹の葉がこすれ、ざらざらとした音が森中にひびく。 情景…静けさの中、不気味な様子 日はくれはじめている。

どっちに進めばいい？

笹の葉は風におどり、ユウキが来た道さえも消し去ろうとしていた。ユウキの頭の中は、まっ白になった。 直接表現…何も考えられなくなる

ゴロゴロゴロゴロゴローッ。

ふたたび耳を裂《さ》くような雷鳴《らいめい》が鳴りひびいた。 情景…恐怖を感じる様子 ぴかりと森中が光った。ユウキは耳をおさえながら、木々の間から空を見上げた。真っ黒な雲が美納山《みのうさん》の上空をおおいつくしていた。今にも雨

静かな中、聞こえるのは笹《ささ》の葉の不快《ふかい》な「ざらざらとした音」だという不気味《ぶきみ》さを想像してみましょう。

笹の葉が道をふさぐかのようにゆれて、来た道をわかりづらくしているのです。

強調する
つなぐ
区切る
まとめる

がふりそうだ。

「ショクパーン！」
◇行動…心細い気持ち
思わず、ショクパンの名前をさけんだ。もちろん返事はない。

闇《やみ》が急にこくなった。ユウキは、自分の勘《かん》だけをたよりに森の中を進んだ。

（ながすみつき「ショクパンのワルツ」より）

※ショクパン…犬の名前。

問 ――線部「闇が急にこくなった」とありますが、これにより今後よくないことが起こりそうな展開と、ユウキの不安な気持ちが表現されていました。このような「闇」の他に、気持ちが表現されていたものを本文中から三つ探《さが》し、それぞれ二字・四字・五字でぬき出して答えなさい。（句読点はふくみません。）

雷鳴・クマザサ・真っ黒な雲
（笹の群生）

情景《じょうけい》① クマザサ（笹《ささ》の群生《ぐんせい》）
情景② 雷鳴
情景③ 真っ黒な雲
→ 不安や恐《おそ》れが大きくなっていく様子が、情景《じょうけい》で表現されています。

STEP 2 （本編38ページ）

（亜実《あみ》には、コウ兄とジュン兄という二人の兄がいる。下の兄であるジュン兄はある日、理由も言わず家出をし、長い間帰ってきていない。亜実は上の兄であるコウ兄の部屋で、実はコウ兄が養子であるということを知る。）
◇指し示す内容

「ジュン兄がほんとうのことを知ったのって、いつ？」

「つい最近だよ」
◇直接表現
またわからなくなった。このことと家出と、関係があるのかどうかが。

「コウ兄、わたしいまいちわからないんだけど、それを知って、どうしてジュン兄が家出したんだろう？」


あらすじ部分にも重要な情報《じょうほう》が書かれています。人間関係や場面について、きちんと整理しておきましょう。

「ぼくに申し訳《わけ》ないって思ったんじゃないかな。あいつ、やさしいから。ぼくがほんとうの子じゃないのに、自分がほんとうの子どもなのは、なんか申し訳ないって」

直接表現

それで？　それでジュン兄が家出したんだとしたら、ジュン兄、弱虫じゃん。逃げてるじゃん。思い上がってるじゃん。そう思った。

「コウ兄」

「大丈夫。あいつはちゃんと帰ってくるから」

うん。そうだね。ジュン兄はちゃんと帰ってくる。

「ちゃんと帰ってきて、きっちり落とし前つけてくれるよね」

責任をとって後始末をすること

と、わたしは言った。

「落とし前って、なんだかすごい世界のことを話してるみたいだ」

そう言って上の兄貴《あにき》が笑う。**コウ兄って、こんなに笑うひとだっけ？**　①うれしいのと痛いのとで、胸がちりちりする。

理由　直接表現

「あのさ、ママたち、知ってるの？　つまり、ジュン兄がこのことを知ってるってこと」

「ああ、ジュンが家出したってわかったときに話したよ。それが家出のほんとうの理由かどうか、そこのところはわからないんだけどね。でも、理由があったほうがお袋が少しは楽になるんじゃないかと思って」

うん。そうだね。コウ兄は今みたいにすごく落ち着いてママに話をしたんだろうな。そして最後に、大丈夫、あいつは帰ってくるから、って。

上の兄貴は黙《だま》った。

わたしも黙った。黙っていると、いろんなことを思い出し、いろんなことを考える。たとえばこの前、コウ兄が言った「帰ってこられなくなっちゃうって思ったからかな」が、もしかして全く違う意味なのかと考える。「ジュンは帰ってくるから」と繰《く》り返したコウ兄のこころの奥にあるものを想像する。しばらくの間。そんなふうにして、それから、あることに気づいた。

「コウ兄」

「ん？」

「あのさあ……」

「ん」

「このことも、ママたちに言ったほうがいいかな？」

――線①の直前を見て、今日の「コウ兄」の様子を、意外に感じている点から、問1の答えを考えましょう。

「亜実と話したってこと?」

「うん」

「そうだね」

「そうだよね」
◇直接表現…強く同意する気持ち
気まずいけど、そのほうがいい。そのほうがずっといい。強くそう思った。そしてもう誰《だれ》もが逃《に》げたり隠《かく》れたりもなしだ。それでもわたしたち三人は断然兄妹なんだから。わたしたちは家族なんだから。

「あっ」

わたしは小さく叫《さけ》び声をあげた。

「まだあるの?」

上の兄貴《あにき》がすこしあきれたように訊《き》いた。

「そうじゃなくて、ほら、外」

そう言って、わたしは窓を指差した。上の兄貴の勉強机の先にある小さな窓を。

「あっ」

わたしと同じような声を上の兄貴も出す。
②朝焼けだった。兄貴が網戸《あみど》を開けて、からだを乗り出すようにして朝焼けを見た。兄貴の机にからだごと乗って、◇行動…親しみ・信頼している 兄貴にくっつくようにしてわたしも見た。朝焼けを。それから徐々《じょじょ》に朝焼けが薄《うす》れ、◇情景…さわやかな様子 空が白っぽくなっていくのを、見た。
朝が来たんだ。

自分の部屋にひきあげるころなのはわかっていた。でもなんだか惜《お》しくて、もっと兄貴と話をしたくて、もっともっと。

(石井睦美「兄妹パズル」より)


本当の子どもか養子かは全然関係なく、家族の強い絆《きずな》を感じている部分です。

「朝焼け」からの「夜明け」のシーンは朝の澄《す》み切った光景が想像できます。

つまり、亜実たちの迷いや心配ごとが、晴れやかに吹き飛ぶかのようにも感じられますね。

問1　——線部①「うれしいのと痛いのとで、胸がちりちりする」とありますが、なぜこのように思ったのですか。最もふさわしいものを次の中から選び、記号で答えなさい。

ア　コウ兄の新たな一面を発見できたが、コウ兄のことを実は何も分かっていないのかもしれないと思ったから。

イ　コウ兄は「落とし前」と言ったことをおもしろいと感じてくれたが、ほめられて少し照れくさくなったから。

ウ　ジュン兄の家出により家庭が暗くなり、コウ兄が笑顔を見せたのも久しぶりだったことにおどろいたから。

エ　なぐさめてくれるコウ兄の優《やさ》しさは心にひびいたが、ジュン兄が帰ってくるとはどうしても思えないから。

ア

問2　——線部②「朝焼け」とありますが、この情景《じょうけい》にはどのような気持ちがかくされていると思われますか。最もふさわしいものを次の中から選び、記号で答えなさい。

ア　尊敬《そんけい》　イ　同情　ウ　反省　エ　希望

エ

亜実《あみ》は、今まで知らなかった、兄の新たな一面を見たように感じています。

一般的《いっぱんてき》に情景としての「朝焼け」「夜明け」には、

・新しい前向きな気持ち
・将来《しょうらい》への希望

などがかくされていることがあります。

ＳＴＥＰ１の情景として出てきた「闇」とは対照的ですね。

5 「気持ち」の変化を見つけよう

STEP 1 （本編44ページ）

強調する
つなぐ
区切る
まとめる

「池田《いけだ》くんの指揮《しき》といろはの伴奏《ばんそう》で合唱コンクールに参加した六組だったが、入賞することができなかった。」

壇上《だんじょう》では、音楽の先生がマイクを持って各クラスの講評《こうひょう》をしている。

六組は、難解《なんかい》な曲に挑戦《ちょうせん》し、クラス一丸となってがんばっていたが、あと少し、メリハリがあれば入賞できただろうといわれた。

いろはが、背中を丸めて顔をふせる。となりにすわる池田《いけだ》くんも、むっつりした顔で下をむいていた。

心配する気持ち

（べつに、ふたりの責任《せきにん》じゃないんだけど、やっぱり気にしてるだろうな……。教室に帰る時、声かけてあげなくちゃ）

そう思っていたら、近くの席から声がきこえた。

「やっぱりさ、近藤《こんどう》さんの演奏《えんそう》と池田くんの指揮《しき》が、最初のころ、かみあってなかったからじゃない？」

きっかけ

「だよね。合同練習の前に、ふたりでもうちょっと練習しておいてくれたらよかったのに」

だれがいっているのかはわからないけど、まるでいろはと池田くんのせいのようにきこえる。

問 気持ち①

（ひどい……！ふたりとも、すごくがんばってたのに）

きっかけ

カッとなって、身を乗りだそうとした時、

「おわったことをあーだこーだいっても、しょうがねえじゃん。結果だけがすべてじゃねえし」

わたしの右どなりにすわっていた中村《なかむら》が、突然《とつぜん》、大声でそういった。

まわりのみんなが、ぎょっとして中村を見る。

「そうだよ、中村くん。いいこといった！」

まだ講評をつづけていた音楽の先生が、びしっとこちらを指さしていう。

「わたし」が腹を立てた理由です。

気持ちが変化するきっかけとなった場面です。

場内、どっと爆笑《ばくしょう》になった。

「コンクールだから順位はついてるけど、それにこだわらなくていいの！　だいたい、合唱というのはねえ」

先生が、マイクをにぎって『合唱コンクールの真《しん》の目的』について熱弁《ねつべん》する。

さっきひそひそいってた子たちも、バツが悪くなったのか、それきりだまってしまった。

わたしはみんなにきこえないように、小声で「中村」と声をかけた。

（問　気持ち②　いろはのピンチを助けてくれた中村への感謝）

「……ありがと」

「へっ、なにが？」

大きな声で返事されて、あわてて太ももをばしんとたたいた。

「声が大きいよっ！」

「いってえなあ。なんだよ、もう」

（ぎすぎすした雰《ふん》囲気がクラスからなくなっている）

まわりの子たちのくすくす笑いをききながら、わたしも思わずくすっと笑う。（気持ち②）

自分でわかっているのかどうかわからないけど、中村のこういうところ、いいなと思う。（気持ち②）

裏表《うらおもて》がなくて、まっすぐなところ。小学生の時から、そうだった。

もう一度、いろはのほうを見た。

いろはが、こっちを見ている。

わたしがにこっと笑うと、いろはもおずおずほほえんだ。（気持ち）

（宮下恵茉「なないろレインボウ」より）

中村の言葉は乱暴《らんぼう》な言い方のようにきこえますが、真実をついていたのです。

「わたし」は、責任を感じているいろはに、そうではないから安心してという意味もふくめて笑いかけたのでしょう。いろはも「わたし」の思いやりに気づいているようです。

問 ——線部「中村のこういうところ、いいなと思う」とありますが、「中村のこういうところ」が「わたし」の気持ちをどのように変化させましたか。次の（　①　）・（　②　）にあてはまるものを、それぞれ記号で答えなさい。

まるでふたりの責任《せきにん》で入賞できなかったような言い方に、（　①　）気持ちだったが、裏表がなくてまっすぐな中村の言葉によって、（　②　）気持ちになった。

ア 緊張《きんちょう》する　**イ** 腹立たしい 気持ち①　**ウ** なつかしい
エ 後ろめたい　**オ** あこがれる　**カ** ほっとする 気持ち②

① **イ**

② **カ**

「わたし」の気持ちは、マイナスの気持ちからプラスの気持ちへと変化しています。

STEP 2（本編47ページ）

パパはポンッと、パンフレットをローテーブルに投げ出した。

きっかけ「①せっかくいい学校に入ったのに、もったいない」

お兄ちゃんは、苦しそうに首をふった。

「学費を出してもらって申し訳《わけ》ないと思うけど、これ以上は続けられない」

きっかけ「音楽をやるなんて、世の中そんなにあまくないぞ。たった二年だ。むりしてでも学校を続けろよ。そのほうが、おまえの将来《しょうらい》のためになる」

お兄ちゃんはひざの上で、ぐっと、こぶしをにぎりしめた。

「どうしてわかってくれないんだよ。これ以上はむりなんだって……」

低くかすれた声に、気持ち 胸がぎゅっとしめつけられる。

言わなきゃ、お兄ちゃんを助けなきゃ！

あたしは、トンッとテーブルに手をついた。

「あのね、あたし、※通信制の高校に行っている人に話を聞いたんだけど、その人は本気でマン

「あたし（陽菜《ひな》）」の気持ちを中心に読み進めます。

ガ家になるために努力してた。いろんな高校を見たけど、夢《ゆめ》をかなえるには通信制の学校が自分に合ってると思ったんだって」

◇きっかけ

パパがふんっと、鼻先で笑う。

「マンガ家なんて、また夢みたいな話だな」

「なっ」

◇父に対しておこる気持ち

ひどい。マチャさんをバカにして！

②◇気持ち

カッと、全身が熱くなった。

「もう！　パパのために、あたしたちの未来があるんじゃないっ。二年もあるなら、しかたなく通うんじゃなくて、夢に向かって努力したいよ」

パパがギッと、メガネのおくの目をあたしに向けた。

「おまえたちは、わかってないんだ。社会に出たら、学校名がモノをいうことがあるんだぞ。わざわざいいカードを捨《す》てて、ジョーカーを引くことないだろう」

◇たとえ

「だとしても、その責任《せきにん》は自分でとるから、転入を許《ゆる》してくださいっ」

お兄ちゃんが、がばっと頭を下げる。

パパはふーっと、大きく息をついた。

「ママは、どう思う？」

あたしのとなりで、ママがぴくっと動いた。ショートカットの髪《かみ》がかすかにゆれる。

「ママは……」

言葉を区切って、真剣《しんけん》な目であたしとお兄ちゃんの顔を見た。

「そうね。結局、社会に出る道は、自分で切りひらくしかないのよね。翔大《しょうだい》が覚悟《かくご》を決めたなら、その道を進めばいいと思う」

ふたたび大きなため息をついて、パパがお兄ちゃんを見る。

「おれも通信制の高校について調べるから、もう少し時間をくれ」

「お願いします……」

お兄ちゃんは深く頭を下げた。

（中略）

あの日、家族会議が終わっても、あたしは頭に血がのぼったままだった。頭にきたまま、お兄ちゃんの部屋におしかけて、パパの悪口をぶつけた。

◇いかりがおさまらない気持ち

何を何にたとえているかを確認しましょう。

いいカード ＝ 今通っている高校

ジョーカー ＝ 通信制の高校

このような「〜ようだ」・「〜みたい」などの言葉を使っていないたとえを**隠喩**《いんゆ》（**暗喩**）と言います。

それらを使ってたとえることを**直喩**《ちょくゆ》（**明喩**）と言います。

〈例〉

隠喩　もみじの手をした赤ちゃん

直喩　りんごのようなほっぺた

「ほんとにパパって、ひどいよね。自分の考えばっかり押《お》しつけてさっ」

でも、お兄ちゃんは静かに言った。

「いや、お父さんの言うこともわかるよ。名の知れた学校を出たほうが、大きな企業《きぎょう》でやっていきやすいというのは、そのとおりだろ。王道をはずれるのは［◇きっかけ］※リスクがあるから、お父さんなりにおれを心配してくれてんだよ。おれだって、［◇気持ちの変化］みんなとちがう道を進んで大丈夫かっていう不安はある」

［◇冷静になる気持ち］
あたしの頭がしゅーっと、急速に冷えた。

「そうなんだ……」

［◇気持ち］
お兄ちゃんを助けなきゃって意気ごんでたけど、あたしこそ空《から》まわりしていたのかな。

「あたし、なにもわかってなかったんだね」

お兄ちゃんの表情がふっと、やわらかくなる。

「いや、そうでもないよ。陽菜《ひな》が『パパのために、あたしたちの未来があるんじゃない』って言った時は、ガツンときた。それでよけいに、おれは大人になってから、過去《かこ》にできなかったことを親とか、誰《だれ》かのせいにしたくないって思ってさ。自分の責任で道を選ぼうって覚悟《かくご》が決まった」

③頭がぽうっとした。［◇気持ち］

［◇きっかけ］
あたしの言葉がお兄ちゃんをあとおしした、と思うと、［◇ほめられて照《て》れる気持ち］くすぐったいような、誇《ほこ》らしいような気になる。それに、誰かのせいにしたくないと言いきったお兄ちゃんって……。

「なんか、かっこいい」

そう言うと、お兄ちゃんは、ははっと苦笑いした。

「まあ、ほんとにかっこよくなれるよう、がんばるよ」

（ささきあり「サード・プレイス」より）

※通信制…通信教育で学習し、必要に応じて登校する制度。
※リスク…危険《きけん》。うまくいかない可能性。

〔あたし（陽菜《ひな》）の気持ちの変化〕

怒《いか》りと興奮《こうふん》
←（きっかけ）父を理解しようとする兄の言葉
← **冷静《れいせい》**
←（きっかけ）陽菜に感謝《かんしゃ》する兄の言葉
← **くすぐったく誇《ほこ》らしい**

兄を尊敬《そんけい》する気持ちが表れています。

問1 ――線部①「せっかくいい学校に入ったのに、もったいない」とありますが、たとえを使って言いかえている表現を、本文中から二十五字以内でぬき出して答えなさい。（句読点もふくみます。）

わざわざいいカードを捨てて、ジョーカーを引くこと

問2 ――線部②「カッと、全身が熱くなった」とありますが、この気持ちはこの後どのように変化しましたか。それが最も表れている一文を本文中から探《さが》し、そのはじめと終わりの五字を答えなさい。（句読点もふくみます。）

あたしの頭 ～ に冷えた。

問3 ――線部③「頭がぼうっとした」とありますが、なぜこんな気持ちになったのですか。最もふさわしいものを次の中から選び、記号で答えなさい。

ア お兄ちゃんが、みんなとちがう道を進んで大丈夫なのかという不安を持っていることを知ったから。

イ お父さんなりにお兄ちゃんを心配していると聞いても、マチャさんをバカにしたことは許《ゆる》せないから。

ウ お兄ちゃんを助けたいと思って意気ごんでいたが、自分が空《から》まわりしていたのではずかしくなったから。

エ お兄ちゃんから、陽菜《ひな》の言葉が覚悟《かくご》を決めるあとおしになったと言われて誇《ほこ》らしく思ったから。

エ

「いいカードを捨《す》てる」とは、兄が今通っている学校をやめることを指しています。

父や兄は自分とちがい、もっと深く考えていたことを知り、自分のとった行動に疑問を感じ始めています。

――線部③の直後に理由が書かれています。

6 「場面」の変化を見つけよう

STEP 1 （本編54ページ）

「三年が引退《いんたい》したら、おれたちの最強バッテリーで優勝狙《ねら》おうぜ」

おれは本気でそう言った。ユウキもうなずいてくれた。可能な夢《ゆめ》だった。絶対、現実になる夢だった。

あの頃、引っ越《こ》しをして転校することになるなんて、誰《だれ》が思っただろう。あの試合で、これ見よがしに円陣《えんじん》組んでいた奴らの学校に転校するなんて、ありえないだろ。まったく、むちゃくちゃな話だ。

いよいよってときだったんだ。これからってときだったんだ。三年の先輩が引退したこの時期、おれとユウキがチームをひっぱっていくはずだったんだ。

転校の話をユウキにしたのは、部活が終わったあとの帰り道だった。おれは帽子《ぼうし》を取って、ごめん！ って頭を下げた。

「は？ いきなりなにやってんの」

ユウキは笑った。

「おれ、転校することになった」

「はあ？ なに言ってんの」

またいつもの冗談《じょうだん》だと思ったらしかった。

「引っ越すことになったんだ」

真剣《しんけん》な口調で言うと、ユウキは立ち止まっておれをまじまじと見た。

「うそだろ？」

「本当なんだ。ごめん。約束守れなくて」

「……どこに」

おれは春の試合で優勝した学校名を告《つ》げた。

「うそだろ。なんで？ だって、すげえ近いじゃん」

場面①

転校するとは思ってもいなかったころの場面

ユウキと交《か》わしていた夢《ゆめ》が書かれています。

場面②

ユウキに転校のことを伝える場面

場面①では名前だけ出ていた「ユウキ」が、実際に登場しています。

強調する

つなぐ

区切る

まとめる

おれは情けない思いをかみしめながら、家の事情を話した。ユウキは笑った。近すぎんだろーって、笑った。おれも、ネタかよっ、って自分で言って爆笑《ばくしょう》した。

ひとしきり笑い終わったおれたちは、それから、すっかり暗くなった道を二人で黙《だま》って歩いた。

ぼんやりとした半月がぽっかりと夜空に浮《う》かんでいて、おれはなぜだか無性《むしょう》に泣きたくなった。

「じゃあな」

分かれ道でユウキが笑顔を見せた。残念だよ、と言ってニカッと笑った。ユウキは本当にいい奴《やつ》なんだ。

「ほんとごめんなっ！」

「ヤマトのほうがくやしいだろ。仕方ねえよ。おれたち、まだ子どもだもんな。親の都合に振《ふ》り回されるのはしょうがないよ」

ユウキはそんなふうに言った。

「また、明日な。早く寝ろよ！」

駆《か》け出して行ったユウキが振り返って、帽子を振った。

「ユウキもな！」

大声で答えて、一人で歩く帰り道。涙《なみだ》がぼたぼた落ちてきた。「また、明日な」って、毎日言い合えると思ってた。涙が笑っちゃうくらいに流れてきて、鼻水まで出てきて、おれは首にかけたタオルで何度もぬぐったんだ。

ユウキとの別れがよりいっそうつらく感じている

（椰月美智子「未来の手紙」より）

問　本文を三つの場面に分けるとき、二つめと三つめの場面はどこからになりますか。最初の五字を本文中からそれぞれぬき出して答えなさい。（句読点もふくみます。）

二つめ　転校の話を

三つめ　大声で答え

ユウキの優《やさ》しさがわかる部分もおさえておきましょう。

場面③
ユウキと別れて一人で帰る場面

一人になると、つらい気持ちがこみあげてきて、涙をがまんすることができなかったのです。

「かわいいことはくだらなくないよ」

取り立てて杏奈《あんな》を慰《なぐさ》めようとしているわけでもなく、ただ単純に事実を事実として気負いなく述《の》べただけ、という口調に意表を衝《つ》かれた。

喉《のど》に詰《つ》まっていた固まりがすうっと溶《と》ける。

問2答え

「……でも、先生が」

お兄さんは目顔だけで「ん？」と訊《き》いた。その押《お》しつけがましくない促《うなが》しに、却《かえ》ってするりと言葉を引き出された。

話してみようと思う気持ち

「理科の教科書にタンポポの写真があったの」

授業は草花の造りについてのことで、身近な植物としてタンポポの写真が載《の》っていた。

担任の若い女の先生は授業を進め、「何か質問はありませんか？」と生徒に訊いた。「何でもいいですよ」と。質問はありませんかと言いながら生徒を問答無用で指名するのはお約束だ。

今日は杏奈が当てられた。何か訊かなくてはいけない。

訊きたいことならあった。その写真を見ながらずっと気になっていた。――タンポポの根元に写り込んでいる、紅色《べにいろ》の星形の花。

右下のピンクのお花は何ですか？

何でも訊いていいと言った先生は、むっとしたような顔になった。そしてきつい声で言った。

授業と関係ありません。そんなくだらない雑草《ざっそう》なんかに気を散らさないの。ちゃんと真面目《まじめ》に授業を聞きなさい。

クラスみんなの前で叱《しか》られて、杏奈の心の中は大嵐《おおあらし》だった。みんなの前で叱られて恥ずかしい。真面目に聞いていたのに悔《くや》しい。自分がかわいいと思った花をくだらないと言われて悲しい。

もやもやする気持ち

何でも訊いていいって言ったのに。釈然《しゃくぜん》としなかったがごめんなさいと言わされた。そうして杏奈はその授業中、ずっと俯《うつむ》いていた。

顔を上げたら泣いてしまいそうだった。

と、お兄さんが明るい声で笑った。杏奈にとっては※青天の霹靂《へきれき》だ。お兄さんとは仲良くなったと思っていた。杏奈に同情してくれると思っていた。それなのに、杏奈が辛《つら》い目にあったこと

おどろいた理由

場面①…現在《げんざい》

杏奈とお兄さんが話をしている

杏奈はお兄さんに気持ちを聞いてもらうことで、その「喉《のど》に詰《つ》まっていた固まり」、つまり納得できない気持ちが、「すうっと溶《と》ける」のを感じます。これは「現在」の場面です。

場面②…過去《かこ》

理科の授業でのできごと

時間・場所の変化

過去の経験が語られます。

先生が登場しているのは「過去」の場面です。

場面③…現在

杏奈とお兄さんが話をしている

を笑うなんて。

だが、お兄さんは笑いながら言った。

「仕方がないなぁ、その先生は」

これもまた思いも寄らない発言で、杏奈はますます混乱《こんらん》した。先生が仕方ないって？

「許《ゆる》してあげな、杏奈ちゃん」

お兄さんが杏奈に伝えたいこと

杏奈が許す。叱られたのは杏奈なのに、どうして杏奈が先生を許すなんて話になるのか。

「先生さ、恥《は》ずかしかったんだよ。恥ずかしかったから怒《おこ》っちゃったんだよ」

「仕方がない」につながっている

「どうして？」

「杏奈ちゃんの質問に答えられなかったから。先生なのに質問に答えられないなんて恥ずかしいと思っちゃったんだ。だから八つ当たりしたんだ。この花の名前を知らない自分が恥ずかしいんじゃない、そんな質問をした杏奈ちゃんが悪いんだって生徒に言い訳《わけ》したかったんだ」

「そんなの……」

杏奈は唇《くちびる》を尖《とが》らせた。不満がもつれてすんなり口から出てこない。

「先生なのに。大人なのに。そんなずるいことしていいの」

「よくないよ。でも、杏奈ちゃんはずるいことしたことない？」

お兄さんに訊かれて、杏奈はまた口籠《くちご》もった。今までしてきた小さなずるの記憶《きおく》が点滅《てんめつ》する。

「俺《おれ》はするよ」

いっそ堂々と宣言されて、杏奈はまた面食らった。こんなにあっけらかんとずるをすると言う大人なんか見たことがない。

「悪いことなのに」

「仕方がない」につながっている

「悪いことなのは分かってるけど、ずるいことするよ」

お兄さんは悪い人なのかな、と思ったとき、※サクラが鼻を鳴らして杏奈を見上げた。つぶらな瞳《ひとみ》に見つめられて、杏奈は思わず目を伏《ふ》せた。

ジュースの入ったマグカップを床に落としたときだ。カップの割れる音が響《ひび》いて、お母さんが「杏奈！」と声を荒《あら》げてやってくる。――その場には杏奈とサクラしかいなかった。

サクラがじゃれてきたから落としちゃった。サクラはそのころ（今でも）イタズラ盛《ざか》りだったので、お母さんは杏奈の言い訳をすんなり信じた。お母さんの怒《いか》りはサクラに向かった。ペンと叩《たた》いて「ダメでしょ、サクラ！」。サクラは急に叩かれて、悲しそうにキャンと鳴いた。

お兄さんが登場しているので「現在」にもどったことがわかります。

場面④…過去

マグカップを割ったときのこと

※杏奈もずるをしたことがあった

サクラを見て思い出した「過去」がえがかれます。

その直後はサクラと目を合わせられなかった。黒いつぶらな瞳《ひとみ》が責めているような気がした。――杏奈ちゃん、何でサクラのせいにしたの。サクラ何にもしてないのに。

サクラに見つめられたら嘘《うそ》はつけない。

「……わたしも、ずるいことする」

ずるいこと仲間だ、とお兄さんは笑った。

（有川浩「植物図鑑」より）

※青天の霹靂…予想外のことがとつぜん起こること。
※サクラ…杏奈の家で飼《か》っている犬。

問 本文全体を五つの場面に分けると、過去《かこ》の場面が二つあります。その二つを探《さが》し、はじめと終わりの五字を、それぞれぬき出して答えなさい。（句読点もふくみます。）

一つめ　授業は草花　～　うだった。

二つめ　ジュースの　～　ないのに。

場面⑤…現在《げんざい》
杏奈とお兄さんが話をしている

7 筆者の体験を見つけよう

STEP 1 （本編62ページ）

強調する　つなぐ　区切る　まとめる

体験①〈ぼくはベトナムで、「ホビロン」（チュンビロンとも言います）という卵《たまご》料理を初めてごちそうになって、ぎょっとしたことがあります。見た目は普通《ふつう》のゆで卵なのですが、殻《から》をむくと、孵化《ふか》直前の雛《ひな》が出てくる。「ホビロン」とは孵化しかけたアヒルの卵をゆでた食べ物なんですね。

ですから、見た目はかなりグロテスクです。でも、「うわっ、孵化しかけた卵だ。気持ちわる～い!!」と感じてしまうのは、ぼくや多くの日本人がこのような食品を食べる習慣《しゅうかん》があまりないからにすぎません。それは刺身《さしみ》を知らない外国人が「うわっ、死んだ魚の切れ端《はし》がナマで並《なら》べてある。気持ちわる～い!!」と感じるのと同じことです。現地《げんち》の人たちにとって、それは「孵化しかけたゆで卵」ではなく「ホビロン」という料理だから、おいしく食べることができるんですね。〉

最近はアメリカでも、日本食がずいぶん一般的《いっぱんてき》になり、インスタントラーメンやヌードルなどは日常食になっています。

ところが、彼《かれ》らアメリカ人の語彙《ごい》には「ソバが伸《の》びる」というのはありません。

一方、体験②〈ぼくたち日本人にとって「伸びたソバ」はマズいものと決まっています。出前のソバが届いて、さあ、食べようと思った瞬間《しゅんかん》、電話がかかってきて、つい長話になり、気がついたらソバがドロドロになっていた。しかたなくハシをつけてみたけれど、やっぱりマズくて食べられない。〉これに似《に》た経験は多くの人がしているでしょう。

でも、「ソバが伸びる」という言葉を知らないアメリカ人にとって、ソバは何時間たっても伸びたことにはなりません。だから、彼らは日本人なら絶対《ぜったい》に口にしない伸びたヌルヌルのインスタント麺《めん》でも食べることができるんです。

体験③〈そのアメリカで日本語を教えていたときのこと。授業を終えたぼくは、

「ああ、肩《かた》がこったなぁ」

とぼやきながら、教職員室で左右の肩を自分でもんでいました。すると、それを聞きつけた同《どう》僚《りょう》のアメリカ人が不思議そうな顔でこう言ったのです。

筆者が体験したことは、次の三つの言葉に関係するものでした。

①「ホビロン」
②「伸びたソバ」
③「肩がこる」

それぞれの体験（事実）について書かれた部分に〈 〉をつけます。

「肩《かた》がこる」ことについて述《の》べられているのはここからです。

「キンダイチ、肩がこるってどういうことなんだ?」

今度はぼくのほうが不思議がる番です。

「えっ、キミは肩がこらないの? ホラ、机《つくえ》の前で何時間もパソコンを打ち続けていたりすると、肩がパンパンに張ってくるようなことがよくあるだろう」

「なに言ってるんだ。オレは疲《つか》れることはあっても、肩がそんな感じになったことは生まれてから一度もない。ただし、首とか背中とかが痛《いた》くなることはあるけどね」

どうも、お互《たが》いの話がかみ合いません。

では、彼は本当に肩がこらないのでしょうか? 試《ため》しにぼくがその友人の肩をもんであげたら、彼は「ああ、気持ちいい」と声を上げた。ちゃんとこっているんですよ。

「なっ、気持ちいいだろ。それはキミの肩がこっていて、それをこうやって、もみほぐしているからなんだよ」

そう説明したら、

「おお、そういうことなのか」

と、彼はようやく納得《なっとく》しました。〉

みなさん、この話の意味がわかりますか?

ぼくたちの話がかみ合わなかったのは、アメリカには日本人が当たり前のように使っている「肩がこる」という言葉がなかったからなんです。言葉がないから、それまで彼の肩はこらなかった。

でも、ぼくのおかげで、彼は日本には「肩がこる」という言葉があることを知った。それ以来、彼はちゃんと肩がこるようになってしまいました。


(金田一秀穂「15歳の日本語上達法」より)

問 ——線部「それ以来、彼はちゃんと肩がこるようになってしまいました」とありますが、このときの体験が述《の》べられている部分はどこですか。そのはじめと終わりの五字をぬき出して答えなさい。(句読点もふくみます。)

そ	の	ア	メ	リ

〜

し	ま	し	た	。

三つの体験に共通することは何でしたか。それは、言葉の存在《そんざい》によって、人が言葉に支配されてしまうということがあるということです。

三つめの体験部分を答えましょう。

服を着替《きが》えると、わたしは部屋の窓《まど》を大きく開け放ち、公園の方を眺《なが》めた。葉を青々と茂《しげ》らせているあの木の下のあたりで、母は父に助けられながら細い道を行ったり来たりして自転車を練習しているはずだ。

体験

「いいか、まだだぞ、しっかり前を向いて！」

小学校三年の夏休み、家の近くの公園で自転車を練習した。父の声が背中から飛んでくる。荷台をしっかりとその両手で支えられて、自転車は辛《かろ》うじて立っていた。

ギュッとハンドルを握《にぎ》り締《し》め、グイと前を見つめた。よし、いまだっ。掛《か》け声とともに強くペダルを踏《ふ》み込《こ》んだ。ざざっと父の運動靴《ぐつ》が土を蹴《け》る音がする。よろよろとおぼつかない動きで、自転車は前に進み始めた。

怖《こわ》がらないで、もっと漕《こ》いでスピードを出せっ。ダメダメ、手の力を抜《ぬ》かなけりゃ。そう、大丈夫、押さえているからな、転ばないからな。そうだそうだ、いいぞ、頑張《がんば》れ。

必死でペダルを踏んだ。

手を放さないでっ、絶対放さないでよっ。

大声で叫《さけ》びながら百メートルほど先のイチョウの木に向かって突進《とっしん》する。どうにかこうにか木の下まで行き着いても、今度は方向転換《てんかん》がまた大変だ。ペダルが足から離《はな》れそうになり、そのたびにハンドルに力が入って右へ左へぐるんぐるんと曲がりそうになる。怖い。

腕《うで》の力を抜いてっ。緊張《きんちょう》した背中に父の声がかかる。

ようし、思いきって力を抜くぞ。

するとペダルは一気に早く回転するような気がした。そして次の瞬間《しゅんかん》、ふわりと軽くなった。

うわあ、どんどん行く、どんどん行く、お父さーん。

振《ふ》り返ろうとして、はっと気がついた。いま一瞬、目の端《はし》に飛び込んできたあの人影《ひとかげ》はなに？まさか……。自転車は再びイチョウに差し掛《か》かった。木の陰《かげ》に、手を腰《こし》に当てニコニコしながら立っている人がいる。お父さんだ、手を放したんだ！

そう思った瞬間、わたしは自転車ごと横倒《よこだお》しになって地面に滑《すべ》り込んだ。

したたかに股《もも》を打って泣きじゃくりながら、乗れたんだよ、もも子ひとりで走れたんだよ、と

現在《げんざい》 1〜3行目

今、公園にいる父母のことを考えています。

過去《かこ》 4〜29行目

体験が書かれているのは、過去を回想しているところです。「小学校三年の夏休み」とあるように、「わたし」の小学校時代の過去が語られています。

ただし、「父の声」である会話から始まっていることに気をつけましょう。

言う父の声を聞いた。
「わたし、乗れたの……？」
涙《なみだ》の下から恐《おそ》る恐る問うと、そうだよ、もう支えなしで乗れるんだよ、と答える笑顔が目の前にあった。

後ろで支えてもらっているときの、振り返りたくてもそうしてはいけないような、ちょっと心細いような気持ち、それでいて温かい安心感に包まれたような気持ち。母もいま、臙脂色《えんじいろ》の真新しい自転車にまたがって、緊張に顔を紅潮《こうちょう》させていることだろう。明日は自転車で出勤《しゅっきん》できるだろうか。

高齢《こうれい》で独立した父の仕事がいまどういう状態にあって、なにが大変なのかということに、わたしはあまり関心が向かなかった。新しい会社にすら、行ってみようという気持ちにならない。同じ屋根の下で暮《く》らしていても、わたしも働いている一人前の人間なのだという気負いがあった。いつもどこかで気になりながら、日々は自分の仕事の刺激《しげき》に押し流されるようにして過ぎて行き、親という存在に思いを馳《は》せることが面倒《めんどう》になっていた。わたしは、家族に背中しか見せなくなっていた。

父は自分の会社を持てたことを、ことのほか喜んでいるように思えた。だが、母が夜中にふと目覚めると、布団《ふとん》の上に座ってひとり煙草《たばこ》を吸っている姿《すがた》がよくあったという。闇《やみ》の中で、父はなにを思っていたのだろうか。暗い塊《かたまり》のように、じっと動かぬその背中を見つめながら、母はどんな気持ちだったのか。背中を見せながら、私たちは互《たが》いにただ見守ることで精一杯《せいいっぱい》だった。

しかしそうであったとしても、背中を支えてくれる手の感触を、わたしはどこかで感じていた。倒れぬように、後ろからしっかり支えられ、グイと力強く自転車が押し出される。自分一人で意気揚々《ようよう》とペダルを漕《こ》いだつもりでも、実は見えない家族の手で、外の世界に押し出されていたのだろう。

（光野桃「実りを待つ季節」より）

問2 ―線部と同じ内容の比喩

問1 筆者の小学生の時の体験が述《の》べられている部分はどこですか。そのはじめと終わりの五字をぬき出して答えなさい。（句読点もふくみます。）

「いいか、 ～ にあった。

現在《げんざい》 30～47行目
今、公園で自転車に乗る練習をしている母と、過去の自分を重ねています。

家族関係を「背中」を用いた表現でえがいています。背を向けている、つまり心がすれ違《ちが》っている様子です。父と母の心情《しんじょう》の動きも「背中」で表現されています。

あからさまではない形で、筆者は常《つね》に家族から見守られ応《おう》援《えん》されていたことに気づいたのです。

問2 ――線部「倒れぬように、後ろからしっかり支えられ、グイと力強く自転車が押し出される」とありますが、これはどんなことをたとえたものですか。二十五字以内で説明しなさい。（句読点もふくみます。）

答え方

わたしは一人ではなく、家族に支えられていること。

（同意可）

問3 題名としてふさわしい言葉を、本文中から二字で探《さが》し、ぬき出して答えなさい。

背中

8　きっかけと「気持ち」をつなごう

STEP 1（本編70ページ）

私が中高年でみごとに乗馬にハマったのは、自然界という「神の劇場《げきじょう》」に惹《ひ》きつけられたからにほかならない。そこでは共演する馬との関係に心を奪《うば》われて、自ずと煩《わずら》わしい人間関係を避《さ》けられるのが何よりだ。

馬の姿も魅力的《みりょくてき》で、とりわけ澄《す》んだ大きな眼《め》は※浮世《うきよ》の俗塵《ぞくじん》を払《はら》ってくれる。私はその美しい眼を見る度に『ガリバー旅行記』最後の訪問《ほうもん》国を想《おも》い出す。そこには馬そっくりの人類より知的で高潔《こうけつ》な種族が登場して、主人公にさまざまな教えを垂《た》れるのだった。

そうは言っても現実にはやはり紛《まぎ》れもない動物であり、しかも犬ほどやすやすと人間に従《したが》うわけではない。よく馴《な》れたはずの馬でも日々刻々と状態が変化し、絶対に油断は禁物だ。乗馬は人が制御《せいぎょ》できない自然の脅威《きょうい》の一端《いったん》を垣間《かいま》見せてくれるスポーツでもあった。だからこそ機械文明に傲《おご》る現代人には、必要にして得《え》がたい体験と感じられるのではなかろうか。

乗馬愛好者の代弁は概《おおむ》ね以上に尽《つ》きるが、日本の場合、馬を愛好する人ならむろん競馬ファンのほうが圧倒的《あっとうてき》にメジャーだろう。馬の生産も本来は競馬での活躍《かつやく》を期待されたサラブレッドが中心である。従って日本では乗馬クラブにもサラブレッドが比較的《ひかくてき》多かったりする。わがクラブには競馬ファンならずともご存じであろう、シンボリルドルフの息子やハイセイコーの孫娘がいて、最初はそのことにびっくりさせられた。

競走馬で子孫が残せるのはごくわずかのエリートだが、その選《よ》りすぐりのエリートの子孫でも競走馬で通用しないケースのほうがはるかに多いらしい現実を、私は乗馬を通じてまざまざと知らされた。以来、人間社会でも安易な※世襲《せしゅう》なぞ決して許されていいわけがないと思うようにもなった。

そのことに関してはまた、習い始めた頃に、とあるインストラクターから聞かされた今に忘れがたい話もある。私は馬上でそれを耳にした。ほかにも何人かが馬に乗って、ただグルグルと馬

乗馬にハマった筆者が感じていることを、自由に書いています。

前半は、馬の魅力《みりょく》や、乗馬から学び考えたことなどが述《の》べられています。

後半は、インストラクターから聞いた話（体験）です。

ここでのキーワードは、問にも関係する、「コペルニクス的転回」・「価値観《かちかん》の転換《てんかん》」でしょう。

強調する
つなぐ
区切る
まとめる

場を歩きまわっていた時のことだ。馬はいずれも競馬界の落ちこぼれのごとく緩慢《かんまん》な動きを見せていたが、インストラクターは唐突《とうとつ》に「この子たちはみんなエリートなんですよ」と穏《おだ》やかな口調で話し始めた。

サラブレッドはもともと速く走ることを目的に作られた品種なので、アマチュアの乗り手が耐《た》えられるようなスピードで走るのはむしろ難《むずか》しい。故《ゆえ》に競馬界を引退したサラブレッドの多くは、訓練を受け直しても一般人の乗用馬にはなれずに、虚《むな》しく命を落としてしまうのだという。

「ゆっくり走るようになれるのも才能です。だからこの子たちはエリートなんです」と最後は断固たる口調で締《し》めくくられた。※コペルニクス的転回ともいえるその発言を聞いて、私は自身でも意外なほど強く心を打たれたのだった。

ゆっくり走るようになれるのも才能とは、実に言い得《え》て妙《みょう》で、あらゆる物事に関しての暗喩《あんゆ》ともなる。個人の生き方、組織の運営、さらには社会のあり方にも※アナロジーが適用される。命をつなぐ方法は、何も競争で速く走って勝ち残るのみではないのだ。そうした価値観の転換《てんかん》は人を生きやすくさせるかもしれない。また地球の未来にとっても必要なことではないか、と思ったりする。

（松井今朝子「馬が教えること」より）

※浮世《うきよ》の俗塵《ぞくじん》…この世の中にあるわずらわしく気が重いこと。
※世襲《せしゅう》…地位や職業などを子どもが代々受けついでいくこと。
※コペルニクス的転回…これまで常識《じょうしき》とされていたような考え方が、くつがえされること。
※アナロジー…ものごとを説明するために、似ているものをたとえにすること。

問 ――線部「私は自身でも意外なほど強く心を打たれたのだった」とありますが、強く心を打たれたきっかけは何ですか。次の文の（ A ）・（ B ）にあてはまる言葉を、それぞれの字数に合うように本文中から探《さが》し、ぬき出して答えなさい。（句読点はふくみません。）

引退後のサラブレッドは速く走ることではなく、（ A 十二字 ）ことが必要だと知り、今まで持っていた自分の（ B 三字 ）が変化したこと。

A ゆっくり走るようになれる
B 価値観

〔競馬界を引退したサラブレッドに求められること〕

速く走ること ⟷ ゆっくり走ること
価値観の転換

筆者はこの事実を知って、気持ちが大きく動いたのです。

スピード重視ではない「ゆっくり走るサラブレッド」は、人間社会にもあてはまると筆者は考えています。

きっかけ(体験)〈朝目を覚ますと、残念ながら昨日の夜まで鳴き声を上げていた仔羊《こひつじ》が二頭、冷たくなっていた。すかさずデルテン君がそれらの遺体《いたい》を外にある小屋の屋根にのせる。死んだ仔羊は毛皮を剥《は》がれ、肉はそのまま大地に戻《もど》される。遊牧民は死んだ獣《けもの》の肉は食べない。白い雪の上で、赤い肉がつやつやと輝《かがや》いていた。剥いだ皮は、冬場の敷物《しきもの》になるという。

家畜《かちく》なのだから当然だが、名を与えられるでもなく、お墓《はか》に葬《ほうむ》られるでもなく、死んでしまったらただ外に出され放置される。そこに、死を弔《とむら》う儀式《ぎしき》があるわけでもない。〉そのことに、少しだけ驚《おどろ》いた。気持ち 現実だけが目の前に横たわっている。

厳粛《げんしゅく》な気持ちで※ゲルに戻ると、きっかけ(体験)〈一頭減《へ》ったところに、また新たに一頭、生まれたての仔羊が運ばれてきた。〉生まれては死に、死んではまた生まれる、永遠にその繰《く》り返しである。①大地は、その営みを、静かに口を噤《つぐ》んで見守っている。

きっかけ(体験)〈朝食後、お父さんと一緒《いっしょ》に羊達の放牧へ。夜は外の牧舎《ぼくしゃ》に入っている羊達に、草を食べさせるため連れ出すのだ。草といっても、ほとんど枯草《かれくさ》しかない。〉あと一ヶ月しのげば青々としたおいしい草が生えるから、気持ち とにかくがんばって生き延《の》びてほしい。きっかけ(体験)〈羊達は、ゴツゴツとした岩山を登って行く。妊娠中《にんしんちゅう》の羊は疲《つか》れやすく歩くのが困難《こんなん》なので、お父さんとデルテン君が腰《こし》を支えて手伝っていた。〉

きっかけ(体験)ようやく山の頂上《ちょうじょう》に着いた時、気持ち そこからの景色に思わず絶句《ぜっく》した。名付けようのない涙《なみだ》がボロボロと零《こぼ》れる。〈そんなに高い山ではない。多分十分くらいで着いたはずだ。それでも、ゲルの立っている場所からの景色とはまるで違《ちが》う。②三百六十度、見渡《みわた》す限りの平原に、ぽつんとお父さんのゲルが立ち、煙突《えんとつ》から一筋《ひとすじ》の煙《けむり》が立ち上っている。人工物は、たったそれだけ。

大地を縁取《ふちど》るように聳《そび》える山々は淡《あわ》く雪化粧《ゆきげしょう》し、黄金の海のように広がる平原には、凍《こお》った川面《も》が悠々《ゆうゆう》とうねりながら銀色に光っている。〉気持ち こんなふうに地球を美しいと感じたことがあっただろうか。無条件で、生きていることが嬉《うれ》しくなる。問2解答 頭の中に浮遊《ふゆう》していた塵《ちり》や埃《ほこり》が、全部一気に吹《ふ》き飛ぶようだった。それまでに自分が抱《かか》えていた悩《なや》みの、なんとちっぽけで下らなく、傲慢《ごうまん》だったこと。

すっかり心を洗われた気分で感動を胸《むね》に〈きっかけ(体験)ゲルに戻ると、お母さんがデール作りを始めていた。

筆者が体験したことは、大きく5つあります。

体験① 仔羊の死と誕生《たんじょう》

——線①は、悠久《ゆうきゅう》の自然に対する筆者の心情《しんじょう》が読み取れます。

体験② 羊の放牧

体験③ 山の頂上からの景色

デールとは、伝統的なモンゴルの民族衣装《いしょう》である。冬場は放牧もなく乳搾《ちちしぼ》りもないので、家の中の手仕事として、女性はよくデール作りをするそうだ。

ただ、最近ではデールを作れる女性も減ってきているとか。お母さんは本当に働き者だった。一日中、休む暇《ひま》なく家事をこなす。けれど、遊牧民の女性達にとってはこれが当たり前。働くとは体を動かすことだと、お母さんの後ろ姿《すがた》を見ていて幾度《いくど》となく気づかされる。

一日中強い風が吹いていた。③モンゴルの春は、人にとっても家畜にとっても本当に過酷《かこく》である。それでも、そんな厳《きび》しい季節だからこそ、ゲルの中の温もりを実感する。家族は自然とストーブの周りに集まり寒さを凌《しの》ぐし、隣《となり》近所といっても一キロくらい離《はな》れているから、心を込《こ》めて客人を招《まね》き入れる。特に何も話さないのに、ゲルの中にいてじっとしているだけで、どこか心が通じ合ってくるから不思議である。同じ場所にいて同じ物を食べるのが家族だという、極々《ごくごく》当たり前の事実を、ハヤナーさん一家が教えてくれた。

たった二泊三日のホームステイだが、心の自由を知る、かけがえのない時間となった。本当は、人は生きる知恵《ちえ》さえ忘れなかったら、自分の食べ物とほんの少しの生活道具だけで、どこででも生きていけるのだ。このことを心の襞《ひだ》の奥《おく》に忍《しの》ばせておけば、いつか自分が躓《つまず》く時があっても、大切な何かを思い出させてくれるに違《ちが》いない。

帰り際《ぎわ》、もう一度地面に寝転《ねころ》がってみる。背中にぴったりと地球が貼《は》り付いている感覚は、何度味わっても止《や》められない。地球の鼓動《こどう》が聞こえそうだ。目を閉じて、この荒涼《こうりょう》とした大地が、一面緑になるのを想像した。それは、脳《のう》を溶《と》かすように心地よい夢《ゆめ》のような景色だった。

それでも、この極寒《ごっかん》の季節に訪れて、やっぱりよかったと思う。命は、厳しい季節の中からこそ、精一杯《せいいっぱい》の力で奇跡的《きせきてき》に誕生《たんじょう》するのだ。その瞬間《しゅんかん》に、立ち会うことができたのだから。

（小川糸「ようこそ、ちきゅう食堂へ」より）

※ゲル…主にモンゴル高原の遊牧民が使う、移動式の円形の住居。

体験④ デール作りをするお母さん

体験⑤ ゲルの中

終わり三段落は、体験①～⑤を通じて筆者が思ったことを中心に書かれています。

逆接《ぎゃくせつ》「それでも」の後ろには、重要な内容があります。

問1　――線部①「大地は、その営みを、静かに口を噤《つぐ》んで見守っている」について、次の問いに答えなさい。

A　この部分に用いられている表現技法《ひょうげんぎほう》を次の中から選び、記号で答えなさい。

ア　対句　　イ　反復法　　ウ　体言止め　　エ　擬人《ぎじん》法

エ

B　ここには筆者のどんな気持ちが表れていますか。最もふさわしいものを次の中から選び、記号で答えなさい。

ア　生死の営みを繰《く》り返し続けてきた大自然を思い、胸《むね》が熱くなる気持ち。
イ　遊牧民の生活では、生と死が身近にあるということにおびえる気持ち。
ウ　大地に放置された羊に対し、自分は無力で何もできず歯がゆい気持ち。
エ　生命を育む自然に感謝しつつ、残酷《ざんこく》な事実を受けとめられない気持ち。

ア

問2　――線部②「三百六十度、見渡《みわた》す限りの平原に、ぽつんとお父さんのゲルが立ち、煙突《えんとつ》から一筋《ひとすじ》の煙《けむり》が立ち上っている」とありますが、この「ゲル」は何を暗示していると考えられますか。本文中から十字で探《さが》し、ぬき出して答えなさい。（句読点はふくみません。）

| 自 | 分 | が | 抱 | え | て | い | た | 悩 | み |

A「大地」を人間のようにたとえています。

自然（地球）の美しさ、壮大《そうだい》さに比べて、人間、ひいては、自分の悩みが「ちっぽけで下らなく、傲慢《ごうまん》だったこと」に思われたのです。

問3 ――線部③「モンゴルの春」とありますが、春にホームステイを経験した利点は何ですか。本文中から**ひと続きの二文**を探し、そのはじめと終わりの五字をぬき出して答えなさい。（句読点もふくみます。）

答え方

命は、厳し ～ のだから。

答えとなる部分には、倒置法《とうちほう》が使われています。

9 筆者の意見を見つけよう

STEP 1（本編80ページ）

新聞を普通《ふつう》に読むことができて、その内容を人に話すことができるというのが、日本人として身につけておきたい標準的《ひょうじゅんてき》な日本語レベルだと**いえます**。難《むずか》しい医学書や哲学書《てつがくしょ》が読めないとしても、それは日本語力の問題ではありません。医学や哲学の専門知識がないから、理解できないだけです。しかし、新聞が読めない、書かれていることが理解できないとなると、これは日本人としてかなり心配な日本語力ということになります。

中学生なら、もうすでに普通に新聞が読める日本語力を備えていて**当然です**。

（中略）

最近の新聞は、記事の近くに用語解説の欄《らん》が設《もう》けられているものが多いので、記事の内容を理解しやすくなっています。毎日、新聞を読むことが、日本語の足腰《あしこし》をしっかり鍛《きた》えることに**つながります**。

問を解くヒントとなる文①

私が小学校の高学年のとき、担任の先生が新聞を使った授業をしてくれたことがあります。それは、新聞の社説を読むという授業でした。社説は、その新聞社の考え方を示す記事です。いろいろな新聞の社説を切り取って並《なら》べ、くらべながら読んでみると、同じニュースに対して、新聞によって考え方がかなり違《ちが》うことがわかります。

問を解くヒントとなる文②

このように、新聞を比較《ひかく》して読むことによって、メディアリテラシーを養《やしな》うことが**できます**。

メディアリテラシーとは、新聞やテレビなどのメディアが発信する情報を読み解《と》き、見極《みきわ》める能力のことです。

まず、メディアが何を言っているのかを理解し、そのうえで、それがどんな意図で発信されているのかを判断することが**必要です**。

たとえば、ある人物を応援《おうえん》しているメディアなら、その人が人気を得《え》られるように、その人に関するいい情報を発信することもありえます。逆に、ある人物を批判《ひはん》しているメディアなら、その人の人気が落ちるような、その人に関するマイナス情報を発信することもありえます。

新聞を読むことは「日本語力」とつながっていると述《の》べています。

「日本語の足腰《あしこし》」とは、「日本語力」のことです。それを「しっかり鍛《きた》える」ということは、日本語を使う能力のレベルを上げていくことを指しています。

筆者が大切だと考える、メディアリテラシーとはどういうものかを理解しましょう。この後の部分にも、「情報の裏《うら》を読む」「客観性《きゃっかんせい》をもって」などと説明されています。

強調する
つなぐ
区切る
まとめる

「このメディアは、こういう立場だから、こう言っているんじゃないか」

「ここを強調するのは、こんなねらいがあるんじゃないか」

というふうに、情報の裏《うら》を読むことです。

そうした客観性をもって情報を読み取ることが、メディアリテラシーです。これは現代において、国際的に必要とされている能力です。

一人ひとりがメディアリテラシーを高めること、そのための訓練《くんれん》を早いうちから行うことが**大事です**。図書館などで複数《ふくすう》の新聞を読み、同じニュースをどのように扱《あつか》っているか、どのような記事になっているかを確《たし》かめることから**始めてみましょう**。


（齋藤孝「国語は語彙力！　受験に勝つ言葉の増やし方」より）

問　新聞を読むことで、どんな力が身につくと筆者は考えていますか。本文中から四字と九字で探《さが》し、それぞれぬき出して答えなさい。（句読点はふくみません。）

日本語力　・　メディアリテラシー

要旨《ようし》（最も伝えたいこと）が述《の》べられている中心段落は、最後の段落です。

STEP 2 （本編82ページ）

例えば夏の夕暮《ゆうぐ》れどきに、水田が広がる風景を眺《なが》めていると、刻々《こくこく》と変化していく自然美に圧倒《あっとう》されるようなときがあります。水田や隣接《りんせつ》する山々の緑が、変化する風と光に呼応《こおう》するかのように、異《こと》なる表情を瞬時《しゅんじ》に次々と創《つく》り出す様は、里山《さとやま》独特の風景美といえるのだろうと**思います**。力強く見えたかと思うと、突然《とつぜん》※たおやかにも見えるその美しさは、手入れがいき届き生き生きと広がる緑田の下に張られた水に存在《そんざい》する無数の生命力が、懸命《けんめい》に支えているのだと**思えてなりません**。

ところが耕作を放棄《ほうき》したり、また近くに人が住まなくなったりしたとたんに、景色の美しさは色あせ、里山とは呼《よ》べない風景に変わっていきます。人々が自然に対して、問1 協調性を維持《いじ》しながら前向きに関与することをやめてしまうと、里山から荒《あ》れ野へ逆戻《ぎゃくもど》りしていくスピードは速いようです。

そこにある生物は、まず植物が生存本能をむき出しにして、勢力争いに明け暮《く》れるように見えます。一年もすれば、どこからやって来たのか、繁殖力《はんしょくりょく》の強い植物が※跋扈《ばっこ》し始めます。いったん放置してしまうと、人々が関与していたときほどの動植物の多様性が保たれるとは限らないようです。

元は水田であったところも、人が水を供給し続け、余分な雑草《ざっそう》を排除《はいじょ》してやらない限り、里山に見られるような水生動物の棲《す》みよい環境《かんきょう》にはなれないのです。水はけの悪い草地になるか、乾《かわ》いた荒地《あれち》となって、水生動物を排除《はいじょ》してしまいます。

私のふるさとでは、里山という言葉にふさわしかった風景が、わずか三、四十年の間に山裾《やますそ》に近い周辺部からしだいに消滅《しょうめつ》し、荒れ野に変わってきているところがあります。出張のときに電車の窓から眺《なが》めた九州各地の農村にも①同様な光景が増えてきたように**思えます**。強い植物がはびこり、かつて見慣れた調和美とは程遠《ほどとお》い景色が出現しているのです。小川も荒れ、魚たちがどれほど生き残っているのか、**疑問に思えます**。

人々が放置してから、開墾《かいこん》を始める前の、文字通りの原野《げんや》のような天然の自然状態に戻《もど》るまでには、気の遠くなるような時間を**必要とするのでしょう**。人々が原野を開拓《かいたく》し続け、調和のとれた里山という環境になるまでに、気の遠くなるような長い歴史が必要だったように。

里山の美しさについての筆者の意見が書かれています。

里山が壊《こわ》されていく様子を説明している部分です。

荒れ地が増えていくことに対する筆者の気持ちが書かれています。

はるか遠い将来《しょうらい》においては、豊かな天然の環境が復活する可能性があるとしても、それまでの長い期間は、放置され※無軌道《むきどう》に荒れ果てた山林やかつて田畑であった荒地が、踏《ふ》みとどまって耕作を持続しようとする人々の暮らしに、②しっぺ返しをするような**気がしてなりません**。

私のふるさとでも、竹などの植物がかつての限定域《げんていいき》を超《こ》えて急速に勢力を拡大《かくだい》し、使っている農作地までをも※侵奪《しんだつ》していく光景は珍《めずら》しくありません。※植生《しょくせい》が乱れた山肌《やまはだ》はもろく弱くなり、大雨に耐《た》えられなくなって各地でずり落ち地肌をさらけ出すようです。

そして山林域《さんりんいき》の保水力《ほすいりょく》が落ちてしまった結果、川は、晴天が続くとすぐに干上《ひあ》がり、大雨が降るとたちまち増水して一気に流れ下るようになります。そうなると川と田畑の間にかつてはあった良好な関係が維持《いじ》できなくなり、問2 農作を営む人々は水の確保に苦労を強《し》いられることになります。

農村を受け継《つ》ぐ人々が減り、せめて平坦地《へいたんち》の広く使いやすい農耕地だけを守ろうとしても、そう単純《たんじゅん》にうまくはいかなくなるのです。問3 要旨 日本のような平野部の少ない国土においての水田耕作は、周辺の山間部までも絶《た》えず意識し管理しながら営まないと、成り立ちにくいのだと**思います**。

（松尾政信「記憶スケッチ　川と魚と水の風景」より）

※たおやか…やわらかくやさしい様子。
※跋扈《ばっこ》…ここでは勢《いきお》いよく育つこと。
※無軌道《むきどう》…常識《じょうしき》からはずれていること。
※侵奪《しんだつ》…他人のものや利益《りえき》をうばうこと。
※植生《しょくせい》…ある場所に生育している植物全体のこと。

問1　――線部①「同様な光景が増えてきた」とありますが、その原因は何ですか。次の文にあてはまる言葉を本文中から十六字で探《さが》し、ぬき出して答えなさい。（句読点はふくみません。）

自然に対して［協調性を維持しながら前向きに関与］することを人間がやめてしまい、調和がとれなくなったから。

「気がしてなりません」には、「きっとそうなるにちがいない」という強い気持ちが読み取れます。里山が失われていくことへの危機感《ききかん》を覚えているのです。

今後どのようにしていくべきかという、筆者の考えが述《の》べられています。

問2 ——線部②「しっぺ返しをする」とありますが、どういうことが起こるのですか。その内容として最もふさわしいものを次の中から選び、記号で答えなさい。

ア 人間が里山を作ったことによって、動植物たちが生き残れなくなること。

イ 水の確保《かくほ》に苦労するようになるなど、農作を営むことが困難《こんなん》になること。

ウ 自分のふるさとだと実感できる場所を、人々が失ってしまうということ。

エ 日本社会では、農村を受け継《つ》ごうという希望者が少なくなっていくこと。

イ

問3 要旨 筆者の最も言いたいことが書かれている一文を本文中から探《さが》し、そのはじめと終わりの五字をぬき出しなさい。（句読点もふくみます。） 答え方

| 日 | 本 | の | よ | う | ～ | 思 | い | ま | す | 。 |

「しっぺ返し」とは、あることをして仕返しをされることです。里山を荒れ地にした人々が、どんな痛《いた》い目にあうと書かれていましたか。

10 「キーワード」を見つけよう

STEP 1 (本編88ページ)

スイカの原産地はアフリカの砂漠《さばく》地帯である。アフリカは現在《げんざい》でも、貴重な水分の補給源《ほきゅうげん》としてスイカを大切にしているという。砂漠に住む人々にとってスイカは水がめの役割を果たしているのだ。

砂漠のような厳《きび》しい環境条件《かんきょうじょうけん》の中で、スイカが苦労をして水分たっぷりの甘《あま》い果実を実らせるのにはわけがある。実は鳥や動物に食べてもらおうとしているのである。

飢《う》えた虎《とら》にわが身を与えたという※釈迦《しゃか》さながら、砂漠で果実を与えるとはなんという慈《いつく》しみの心だろう。現代で言えば、おなかのすいた人に自らの顔を食べさせるアンパンマンのようなヒーローなのだろうか。

もちろん、スイカがなんの見返りもなく、果実を食べさせているはずはない。甘く熟《う》れたスイカにはあるたくらみがあるのだ。スイカの果実をむさぼり食べた動物や鳥は、スイカの種もいっしょに飲み込《こ》んでしまう。これこそスイカのもくろみなのだ。そして、スイカはお腹の中を通り抜《ぬ》け、糞《ふん》といっしょに体外へ出るのである。

植物は動物のように自由に動けないが、行動範囲《はんい》を広げるチャンスが一つだけある。それが種子である。タンポポの種子は綿毛《わたげ》で風に乗って遠くへ飛んでいくし、オナモミの種子はとげとげした実で衣服に引っかかって遠くへ運ばれていく。スイカの種子が好んで鳥や動物の体内に入りたがる理由も、まさにここにある。スイカの種子は食べられて、動物や鳥にあちらこちらへ運ばれる。だから、スイカの種子は食べられなければいけないのだ。

もちろん、まんまと食べてもらったスイカの種が、胃《い》の中で芽を出したり、盲腸《もうちょう》に引っかかるようなヘマをするはずはない。それどころか、スイカの種子はできるだけゆっくり時間をかけて胃腸を通り、体内にとどまるようにしているという。そうすることで、少しでも遠くまで運ばれようとしているのだ。胃の中も腸の中も、まったく平気なのだ。なんという余裕《よゆう》だろう。

そういえば、スイカ独特の縞模様《しまもよう》も鳥や動物に見つかりやすいように発達したと言われている。

キーワードは「スイカ」。
スイカについて書かれた文章です。

「釈迦」、「アンパンマン」はスイカをたとえたもの。

「たくらみ」・「もくろみ」・「作戦」は類義語(意味が似ている語)です。
問いの「スイカのたくらみ」については、いくつかの表現(……線部)がありますが、全部同じ内容を示しています。

強調する
つなぐ
区切る
まとめる

そこまでしても、スイカは食べてもらいたいと思っていたのである。そう考えると、種を食べずに器用に吐《は》き出してしまう人間は、ずいぶん迷惑《めいわく》な存在《そんざい》だ。

スイカだけでなく、多くの植物が鳥や動物に食べられて種子を運ぶという作戦を選んでいる。食べられるような果実をつける植物は、ほとんどが果実といっしょに種子を食べさせて、種子を遠くへ運んでもらおうとしているのだ。

例えばリンゴやモモ、カキ、ミカン、ブドウなど木の上で熟《じゅく》した果実は赤色、橙色《だいだいいろ》、桃色、紫色《むらさきいろ》のように赤系統の色彩《しきさい》をしていることが多い。これは鳥が赤色をもっとも認識《にんしき》するからである。一方、熟していない果実は緑色をしていて苦い。種子が未熟なうちに食べられては困《こま》るので、苦味物質を蓄《たくわ》えて果実を守っているのである。種子が熟してくると、果実は苦味物質を消去し、糖分《とうぶん》を蓄え甘くおいしくなる。そして、果実の色を緑色から赤色に変えて食べ頃《ごろ》のサインを出すのである。「緑色は食べるな」「赤色は食べてほしい」。これが、植物が鳥や動物と交わした色のサインである。

スイカ以外の果実をつける植物の例

「サイン」も植物の作戦の一部

（稲垣栄洋「植物の不思議な生き方4」より）

※釈迦さながら…まるで釈迦（仏教をひらいた人物）のように。

問 ――線部「甘く熟《う》れたスイカにはあるたくらみがある」とありますが、どのようなたくらみがあるのですか。次の文にあてはまるように、本文中から十三字でぬき出して答えなさい。（句読点はふくみません。）

果実を鳥や動物に食べさせて、

種	子	を	遠	く	へ	運	ん	で	も	ら	お	う

というたくらみ。

スイカ以外の植物の例をあげてまとめています。

――線部のうち、指定された文字数の部分を見つけましょう。

「かつては、①深海には、ましてやその海底下などに生物がいるはずなどないと、ずっといわれていました」

なぜなら、日光がないと生物は生きられないと考えられていたからだ。

生物の例

ところが一九七〇年ごろに、光が届《とど》かない真っ暗な深海に、エビやカニ、貝などが、群《む》れをつくって生きているのが見つかったのだ。

そうした生物が見つかるのは、海底下のマグマにあたためられた、熱い海水がふきだす場所だった。その熱水には、マグマにふくまれるいろいろな物質《ぶっしつ》が溶《と》けこんでいる。それらが深海の冷たい海水で冷やされてかたまり、海底にえんとつのような形に積もる。このえんとつ、英語でチムニーとよばれる場所のまわりに、深海の生物が集まって暮《く》らしているのだ。

問2 解答

ふきだす熱水の中には、硫化水素《りゅうかすいそ》がふくまれている。硫化水素は猛毒《もうどく》だが、おどろくことに深海のカニやエビや貝の体内には、硫化水素からエネルギーをつくりだす微生物《びせいぶつ》がいて、それらを栄養源《えいようげん》にしているのだ。

「一九九〇年代に入り、深海の海底下を掘《ほ》ってみたら、こうした微生物がぞくぞく発見されるようになったのです」

諸野《もろの》研究員が、※高知《こうち》コア研究所で深海の海底下の生き物を研究し始めたのは、二〇〇六年からだという。

「海底下にいる微生物は、ほとんどが一ミリメートルの千分の一以下の大きさです。最初は、この微生物が深海底の泥《どろ》の中にどれくらいいるのかを、数えてみようとしたのです。

そのころはまだ、顕微鏡《けんびきょう》でのぞいてそれらしいものを探《さが》し、数えていく方法しかありませんでした」

すると、キャラメル一個の大きさの中に、十億個《じゅうおくこ》の微生物がいるという結果が出たのだ。それまでの常識をくつがえす多さで、事実なら大発見だ。

でも、諸野研究員は首をかしげた。

「この数はほんとうに正しいのだろうかと、なやみました。微生物でないものまで数えてしまうかもしれない危険《きけん》があったからです」

キーワードは深海・海底下・生物・微生物《びせいぶつ》などがあげられます。

キーワードがつながっている表現は、まとめて○をつけるようにします。

少し長くなってもかまいません。

前半…深海にも生物がいること

後半…海底下にいる微生物の数

そこで、泥の中から微生物だけをよりわけることができないかと、あれこれ試《ため》しているうちに、

問3解答

諸野研究員はDNAに注目した。DNAとは、生物の特徴《とくちょう》を子孫《しそん》に伝えるための物質だ。これが細胞内《さいぼうない》にあれば、生物だとわかる。

「そこで、掘りだした泥の中に、DNAを緑色に光らせる薬を入れてみました。泥やごみなどは黄色に光ります。次に、二つの光を映しだした画像を、緑色の光だけのものと黄色の光だけのものにわけます。そして、緑色だけの画像をコンピューターに読みとらせて、計測させました」

すると、微生物だと思っていたうち、九十九パーセントが生物ではないとわかったのだ。

こうして、②微生物の数をほぼ正確に数える方法を、諸野研究員は世界ではじめて編《あ》みだしたのだ。今も、これ以上の数えかたは考えだされていないという。

「これで、海底下の微生物の数を正しく計測できるようになりました。ところが、DNAを光らせただけでは、生きているかどうかを判断できません」

DNAは、死んでからもしばらく、細胞内《さいぼうない》に残っているからだ。

（山本省三「深く、深く掘りすすめ！〈ちきゅう〉世界にほこる地球深部探査船の秘密」より）

※高知《こうち》コア研究所…高知県にある研究所。「コア」とは、海底下を掘《ほ》りすすみ、岩盤《がんばん》や地層《ちそう》を細い柱のようにくりぬいたもの。

問1 この文章は何について書かれていますか。解答欄《らん》に合うように十字以内で答えなさい。（句読点はふくみません。）

海底下にいる微生物 について （同意可）

問2 ――線部①「深海には、ましてやその海底下などに生物がいるはずなどない」とありますが、実際はどのようなところに生息していましたか。本文中から二十七字で探《さが》し、その最初の五字をぬき出して答えなさい。（句読点はふくみません。）

海底下のマ

問3 ――線部②「微生物の数をほぼ正確に数える方法」とありますが、諸野研究員はどのような点に注目してその方法を考えだしたのですか。説明しなさい。

答え方

生物であれば、細胞内にDNAがあるという点。（同意可）

例

深海底の**微生物**

深海にいる**生き物**　など

キーワードのうち、必要な二点を組み合わせましょう。

11「問いかけ」と「答え」を見つけよう

STEP 1（本編96ページ）

強調する　つなぐ　区切る　まとめる

サハラ砂漠《さばく》の南部では、異常《いじょう》な※干《かん》ばつにより、多くの家畜《かちく》が死に、うえや栄養失調でたくさんの人が苦しみました。そして今、また干ばつやうえがアフリカ各地をおそっています。このような場所は、たいてい砂漠周辺の土地です。それまで農地や牧草地だったところから緑がなくなり、砂漠になってしまったのです。

なぜ砂漠が広がっていくの**でしょう**。一つには気候の変化が考えられています。気候がだんだん乾燥《かんそう》しているらしいのです。しかし、砂漠化をいっそう早めているのは、人間のまちがった自然利用です。

アフリカでは、第二次世界大戦後、人口がきゅうにふえました。そのため農地がひらかれ、家畜の数もふやされました。輸出用の作物をつくるために、大規模《だいきぼ》な土地開発もされました。作物や家畜をうるおすための井戸《いど》がほられ、水路もつくられました。

ところが、収穫《しゅうかく》をあげるために土地を無理に使うので、やがて作物もとれなくなりました。農地にひいた水のあつかい方がわるい土地では、塩害《えんがい》もおきました。強い日ざしで水が蒸発《じょうはつ》するときに、地表付近に塩分が結晶《けっしょう》するのです。その結果、作物も育たない、不毛の土地になってしまいました。

一方、農地を広げた分、家畜たちが草を食べる土地がへりました。牧草地がへったのに、家畜の数がふえたのですから、草はたちまちなくなります。

そんなところに、たびかさなる日でりがつづき、この地帯は緑を失い、砂漠が広がっていったのです。

今、世界では毎年、九州と四国をあわせた面積の土地が砂漠になっているともいわれています。砂漠周辺の土地だけではありません。熱帯のジャングルに広がりつつある砂漠もあります。

熱帯のジャングルは、雨は豊富です。でも、木を切ってしまうと、むきだしになった表面の土を、はげしい雨があらい流してしまいます。そして、強い日ざしが、草木もはえない土地にしてしま

話題は砂漠《さばく》化が広がっていることについてです。

この文章のように「なぜ」「どうして」という疑問《ぎもん》を表す言葉がある場合は、問いかけの部分が見つけやすいですね。答えは直後に二つあります。

「答え」の部分にあった、砂漠が広がる二つの原因について説明し、現状を伝えています。

うのです。

世界の陸地のうち、作物がとれる土地は六分の一の面積もありません。現在《げんざい》、地球の人口は六十億人をこえています。そして、これからも、ふえつづけるだろうといわれています。それだけの人間が生きていくためには、もうこれ以上、地球に砂漠をふやすわけにはいきません。

そのためにも、広がりつつある砂漠をくいとめるだけでなく、今ある砂漠も積極的に、緑のおいしげる土地にしていく必要があります。

（片平孝「科学のアルバム　砂漠の世界」より）

※干ばつ…長い間雨が降らず、農作物などに必要な水が不足すること。

問　――線部「広がりつつある砂漠」とありますが、その原因を本文中から二つ探《さが》し、ぬき出して答えなさい。（句読点はふくみません。）

・気候の変化

・人間のまちがった自然利用

ぬき出し問題は、本文とまったく同じように言い回しはそのままで、一文字も変えてはいけません。

問いかけ①
社会で本当に成功する人ってどんな人なのだろう? 最初にクギを差しておくけれど、有名大学に入学することだけを目標にしている人は、大学の2〜3年ぐらいで成績が伸《の》びなくなる。目標が達成された時点で燃え尽《つ》きてしまう。でも、人生というのは大学を卒業した後が本番で、受験時なんてまだスタートラインにも立っていない。じゃあ、①成長を止めないためにはどうすればいいか。

問いかけ①の答え　問いかけ②

ひとつは、オリジナルで考えているかということ。答えを見て安心するのではなくて、「絶対にこの解法とは違《ちが》う方法で解いてやろう」と思ってほしい。解法なんて無限にある。教科書に書いてあるやり方が一番いいとは限らない。だから、常《つね》にオリジナルな方法を編み出してほしい。教科書のスマートな解法なんかよりもダサくて全然かまわないから。違う方法を見つけられるかどう。かこれが大学に入ってから伸びる力のひとつ。

問1　問いかけ②の答え

それと、何事も曖昧《あいまい》にしないでほしい。わからないまま曖昧に進んでいると、いつか足元をすくわれる。※砂上《さじょう》の楼閣《ろうかく》という言葉があるけれど、まさにそういうこと。足元がしっかりしていなければ、どんなに立派《りっぱ》な建物でも崩《くず》れてしまう。数学であろうと理科であろうと国語であろうと、教えてくれる先生はたくさんいるわけで、いろいろな本もあれば聞く機会もある。絶対に食らいついて絶対に自分が理解するまでやってほしい。その根性が大事。むしろ先生を困らせるぐらい、「もう来るな」と怒《おこ》らせるぐらいのガッツで食らいつくこと。

問1　問いかけ②の答え

こういう頭の体力を身につけるために、とりわけ大事にしてほしいのは「多段思考力」。つまり、一段だけじゃなくて何段にも考え続けられる論理《ろんり》の力。これが一番大事なんだ。例えば、「今晩《こんばん》何を食べようか」と思った時に、パッと「カレーが食べたい」と思いつく人は残念ながら単段思考。一段しか考えていない。一方、「昨日は肉を食べたから今日は魚にしよう」とか考える人は二段思考といえる。そこからさらに「明日はパーティーがあっていっぱい食べるから、今日はちょっと時間を遅《おそ》くする代わりに少なめにしよう」なんてあれこれ考えている人は多段思考。この3人、将来《しょうらい》大きく健康状態に差が出てくる。これ、冗談《じょうだん》じゃないから気をつけて(笑)。

キーワード　身につけるために大事なこと

将棋《しょうぎ》なんてまさに［ 1 ］思考のせめぎ合いの世界だ。以前、ある女流棋士《きし》の方に「何手先を読んでいますか」という質問をぶつけてみた。何手だと思う? 実に「100手」だという答え

読み手に重ねて問いかけることで、話題がはっきりと見えてきています。

〈問い①〉
社会で成功する人とは?
↑
〈答え①〉
成長を止めない人

〈問い②〉
成長を止めないためには?
↑
〈答え②〉
・オリジナルで考える
・何事も曖昧《あいまい》にしない

「多段思考」の例として棋士とサッカー選手の例があげられています。

が返ってきた。100手先なんて、ほとんど勝負がついていてもおかしくない。こりゃお手上げだ。100手読んで指している人に勝てるわけがないよね。スポーツの世界なんかも同じ。サッカーであの人にボールをパスしたらここが開くからそこに走り込《こ》んで……なんて考えられるチームが絶対的に強い。要するに、プロフェッショナルな人はそれだけ②いろいろなバリエーションを考えてやっているということ。少なくとも、どんな分野でも大成したければ最低[2]以上の思考力は持っておかなきゃいけない。

最近は面倒《めんどう》くさがりが増えてきている。これはテレビもいけない。テレビに出ると、ディレクターから「説明は[3]にしてください」なんて言われてしまう。要するに、大学の先生は説明が長いからダメなんだということ。それじゃまどろっこしいから、「AだからBなんだ」と全部言い切ってくださいというわけ。「Aになるけど、もしBだったらCになる。Dの場合だったらEですよ」なんて言うと全部カットされる。でもそれじゃダメ。こういう単段思考は「タブロイド思考」とも呼ばれている。週刊誌《しゅうかんし》やスポーツ新聞といったタブロイド紙には、「AはBだ」と短《たん》絡的《らくてき》に書いてある。分かりやすいからみんな飛びついてしまうのだけれど、そうすると思考回路が劣化《れっか》しちゃう。問3 いろんな可能性を放棄《ほうき》することで解決策《かいけつさく》が狭《せば》められちゃう。

勉強していても何にしても、面倒くさいと思う瞬間《しゅんかん》はたくさんある。でも、その面倒くささに負けて引いてしまったら成長しない。面倒くさいと思ったら、そこで奥歯《おくば》をかみしめてこらえてほしい。そこにこそ成長があるのだから。（筆者の言いたいこと（要旨））そこでぐっと踏《ふ》みとどまれるかどうか。この力が何事においても最後の最後に効《き》いてくるし、将来の行く末を決めることになる。

（西成活裕「社会の役に立つ数理科学」より）

※砂上の楼閣…楼閣とは高層《こうそう》の建物のこと。砂の上に高層の建物を建てることができないように、基本がしっかりしていないために長続きしないことや実現不可能なことを表す。

「タブロイド思考」とは、一段しか考えない「単段思考」のこと。それとは対照的な考え方が、「多段思考」です。

「奥歯をかみしめてこらえる」とは、短絡的な思考をさけ、多段思考をする第一歩でもありますね。

問1 ――線部①「成長を止めないためにはどうすればいいか」という問いかけに対して、筆者はどうすることがよいと考えていますか。本文中の言葉を使って、十五字以内で二つ答えなさい。（句読点もふくみます。）

答え方

・オリジナルで考えるということ。
・何事も曖昧にしないということ。
（同意可）

問2 [1]〜[3]にあてはまる言葉としてふさわしいものを、次の中からそれぞれ選び、記号で答えなさい。同じものをくりかえして使ってもかまいません。

ア 一段　イ 二段　ウ 多段

1 ウ
2 イ
3 ア

問3 ――線部②「いろいろなバリエーション」とありますが、これを言いかえている表現を本文中から七字で探《さが》し、ぬき出して答えなさい。（句読点はふくみません。）

いろんな可能性

6行目「ひとつは…」11行目「それと…」という段落の書き出しに注目しましょう。それぞれの段落に「答え」が書いてあります。

コンビニエンスストアもそうですが、世界中で同じサービスを受けられるようになるのは便利である反面、便利さを追求するあまりにその国に固有の生活や文化が失われる要因《よういん》にもなり、グローバル化には一長一短があるともいえるでしょう。

それゆえ、現代の多くの人々には、グローバル化社会が進む中で、国や民族のさまざまな文化の違《ちが》い、すなわち［　　］を大切にしようという考えが広がりつつあります。

具体例

国や民族による文化や生活の違いは、食べるものによくあらわれます。

例①

インドでは、ヒンズー教の人たちがたくさんいて、ヒンズー教では、ウシが神さまのお使いとしてとても大切にされています。それゆえ、ほとんどのインドの人たちはウシを殺《ころ》したり食べたりすることはしません。

けれども、彼らは、例えばアメリカ人に向かって牛肉のステーキやハンバーガーを食べるなとは決して言いません。

なぜならば、自分たちの宗教《しゅうきょう》や食習慣《しょくしゅうかん》が他国の人と違うとわかっているからです。

例②

同じように、イスラムの人たちは、ブタ肉やブタを使った一切《いっさい》の料理を食べません。

これはウシを神聖《しんせい》な動物とするヒンズー教とは全く違う理由からなのですが、やはりイスラム教の人たちはキリスト教の人たちに向かってブタを食べるなとは言いません。ブタを食べないのはイスラム教の決まりごとで、キリスト教にはその決まりがないことを知っているからです。

逆《ぎゃく》に、ほかの宗教の人たちが多い国でイスラム教の人たちが暮《く》らすようなときには、周囲の人々はイスラム教の人に対して「この国ではブタを食べろ」などとは言いません。

けれども、イスラム教の人たちがよその宗教の国でその決まりを厳《きび》しく守ろうとすると、料理の材料、例えばカップラーメンのスープでもブタ肉のエキスが使われていたりすることがあるので、毎日の食事にはかなり気をつける必要があります。

最近では日本でも、海外からの留学生が多い大学の食堂などで、イスラム教の人たちがブタを

「国や民族による文化や違い」の例が7行目以降にあげられています。

例①ヒンズー教の人たち

例②イスラム教の人たち

食習慣《しょくしゅうかん》として食べないものがあっても、他人に強要することはないという例です。

「文化の違いを大切にする」ということを、他ではどのように表現しているでしょうか。

そこでキーワードとなるのが、「多様性《たようせい》」という言葉です。

強調する
つなぐ
区切る
まとめる

使わない食事（ハラルと呼びます）ができるように、特別なメニューを増《ふ》やすなどさまざまな配《はい》慮《りょ》をするようになってきました。□を受け入れるとはそういうことでもあるのです。

クジラを食べる習慣も、捕鯨国《ほげいこく》に固有の食文化と考えられるはずです。

しかしなぜか、近年広く受け入れられているはずの、この文化の多様性を尊重《そんちょう》するという考え方からクジラだけはすっぽりと抜《ぬ》け落ちているかのようで、クジラ食を多様性の一つとして受け入れようとしない人々が多いのが現実です。

筆者の伝えたいこと（要旨）

捕鯨に反対する人々にも、日本人やノルウェー人が捕鯨をおこない、クジラを食べることを、ヒンズー教やイスラム教の食習慣と同じく多様性の一つとして受け入れてもらえることができたら、きっと捕鯨問題もここまでこじれることはなかったのではないかと思います。

（石川創「クジラをめぐる冒険　ナゾだらけの生態から対立する捕鯨問題まで」より）

問　本文中の二つの□に共通して入る言葉を五字以内で探《さが》し、ぬき出して答えなさい。（句読点はふくみません。）

多	様	性		

STEP 2（本編106ページ）

自分の身体の一部であるはずの顔は、単なる身体の一部という枠《わく》をこえ、周囲の世界と自分とをつなぐ、パイプ役となっているようです。

コミュニケーションの基本となる表情《ひょうじょう》は、社会の中で生きていく上では欠かせないものですが、動物も表情を読み取ることができます。表情は、社会をつくる動物にも備《そな》わっているのです。ただし動物では顔ではなく、身体全体で※情動を表現します。

具体例

イヌを飼《か》っている人ならば、実感できるでしょう。吠《ほ》えるイヌは、毛を逆立《さかだ》てて尻尾《しっぽ》をたちあげています。身体を大きく見せて、怒《いか》りを表現しているのです。降参《こうさん》した方のイヌは、尻尾を丸めて足の間にはさみます。ひっくり返って、おなかを見せることもあります。自分の弱い部分を

例①・②は、捕鯨《ほげい》問題を語るための前置きのようなものです。

最終段落に注目しましょう。問題を解決するには、「多様性の1つとして受け入れてもらえること」が必要だと伝えたいのです。

話題は「表情《ひょうじょう》」についてです。

見せて、攻撃《こうげき》する意思がないことを示しているのです。このように表情は、イヌ同士の社会関係をつくるために利用されているのです。

イヌやネコが好きでよく一緒《いっしょ》に遊んでいる人には、笑《わら》いの起源《きげん》を見つけることもできるかもしれません。具体例 息を荒《あら》げて舌を出すイヌの口元はほころんでいて、そこに喜びが表現されているのです。ネコも遊びがこうじて興奮《こうふん》すると、こうした表情を見せることがあります。

①動物に起源を持つ表情表現は、人間では顔に集中するようになりました。表情は生まれつきで、世界共通といわれています。外国に行って言葉が通じなくても、ジェスチャーを使えば、意思の疎通《そつう》ができます。それは感情表現が共通だからです。

悲しいときは涙《なみだ》を流して泣き、うれしいときはにっこり笑う……基本的な喜怒哀楽《きどあいらく》が表情で通じないとしたら、困りものです。

とはいえその一方で、②表情にも文化差があることがわかりました。そもそも「郷《ごう》に入《い》っては郷に従《したが》え」ということわざがあるように、文化が変われば「振《ふ》る舞《ま》い」も変わることは自明のことでもあります。具体例 ホームステイなどで海外の暮《く》らしを体験してみると、ちょっとした違いを感じることもあるでしょう。特に欧米《おうべい》で暮らすとなると、いつもハイに演じ続けるしんどさを感じる人もいるでしょう。喜びは積極的に表現しなくてはいけない、知らない人でもすれ違ったらにっこり挨拶《あいさつ》をする、そんな習慣に疲《つか》れてカルチャーショックで引きこもってしまう学生もいると聞きます。

欧米と日本とでは、表情をどう表出《ひょうしゅつ》すべきかのルールが違うのです。具体例 問2解答 プレゼントをもらったとき、テストでよい点を取ったとき、ポジティブな感情は大げさに表現するように、欧米では求められるのです。一方の具体例 日本では、自分だけが得したことを大っぴらに表現することを控《ひか》えます。周りの目を気にして、喜びを大げさに表現することを控える日本人の行動は、欧米では不審《ふしん》に思われてしまうことすらあります。まさしく異文化《いぶんか》です。

具体例 マスコミの前で赤ん坊のように大泣きする議員が、話題になったことがあります。いい年をした大人が人前で恥《は》ずかしいと、日本人でも拒否感《きょひかん》を持ちますが、人前でネガティブな表現を自制する傾向《けいこう》が強い欧米では、さらにありえないこととして映ることでしょう。

このようなふるまいの違いだけでなく、相手の表情を見るとき、顔のどこに注目するかが、文化によって異《こと》なることもわかりました。先にも触《ふ》れたように、相手の表情を読み取る時、**欧米人**は顔をくまなく見るのですが、**日本人**では相手の目に注目するのです。

動物と人間について比べています。

共通点 社会の中で生きていく上で欠かせないもの

相違点 動物は身体全体で表現し、人間は顔に集中して表現

共通点が、問1の解答になる部分です。

次に、人間の表情には「文化差」があること説明する例をあげています。

欧米と日本の文化による違いが、具体的に紹介されています。

これには、表情のつくり方の違いが影響《えいきょう》しているようです。欧米人の表情はどちらかというと意図的に大きく表現されますが、そうした場合、口に大きく表現されます。口角《こうかく》をしっかりと上にあげて大きく喜びを表現するのが、欧米人の表情のつくり方だとすると、目でにっこりと自然な表情をつくり出すのが、日本人です。

問3 解答

　喜びを大げさに表現しない日本人の表情は、欧米と比べると動きが小さいのです。その小さい表情の変化を読み取るように、目に注目するのです。③文化による見方の違いは、なんと一歳《さい》未満の小さいころから始まっていることもわかっています。

（山口真美「自分の顔が好きですか？『顔』の心理学」より）

※情動…一時的で激《はげ》しい感情。

問1　――線部①「動物に起源《きげん》を持つ表情表現」とありますが、動物も人間もどんな理由で表情表現をするのですか。本文中の言葉を使って二十五字以内で説明しなさい。（句読点もふくみます。）

答え方

表情表現は、社会生活の中で欠かせないものだから。

（同意可）

問2　――線部②「表情にも文化差がある」とありますが、欧米人の喜びの表情が具体例を用いて説明されている部分を本文中から四十五字以内で探《さが》し、そのはじめと終わりの五字を答えなさい。（句読点もふくみます。）

プレゼント～に表現する

問3　――線部③「文化による見方の違い」とありますが、違いが生じる原因は何ですか。本文中から七字で探《さが》し、ぬき出して答えなさい。（句読点はふくみません。）

表情のつくり方

「欧米人の喜びの表情」とあるので、ポジティブな具体例を探します。

表情の読み取りかたは、欧米人は顔全体を見る、日本人は目に注目するとあります。

その原因は前の段落に書かれています。

13 筆者の意見を見つけよう

STEP 1 （本編112ページ）

★★★ 強調する
つなぐ
区切る
まとめる

事実（体験）…きっかけ

勤務先《きんむさき》の大学の女子学生と話していたときのこと。その日は大学でイベントがあり、何人かの学生や教員たちが集まって終了後にみんなで打ち上げをしていました。ところがその女子学生が、九時を回ったあたりでソワソワしはじめたのです。もう帰らなくちゃ、と。門限《もんげん》が一〇時なのだそうです。

やりたい放題やらせてもらっていた自分の学生時代に比べたら、門限が一〇時とはずいぶん真面目《まじめ》だなあ、きっと箱入り娘《むすめ》で大切にされているのだろう、と微笑《ほほえ》ましく思っていました。ところがその学生のソワソワぶりがどうも普通《ふつう》ではないのです。聞けばすでに携帯《けいたい》に親から電話がかかってきて、早く帰ってくるように言われた、と言うのです。

なぜ門限一時間前なのに電話がかかってくるのだろう、と※訝《いぶか》しがる私の表情《ひょうじょう》を察知して、その女子学生の友達が言いました。

「あ、〇〇ちゃんは※GPS《ジーピーエス》で居場所《いばしょ》がいつも分かるようになっているんです」

つまり親御《おやご》さんは、彼女《かのじょ》がいま自宅から一時間ほどかかる場所にいることを知っていて、だからそろそろ帰ってこい、と連絡《れんらく》してきたと言うのです。

気持ち

うーん、それを聞いて私は複雑な気持ちになってしまいました。確《たし》かに子供を心配する親御さんの気持ちは痛いほど分かります。心配ゆえに、GPSで常《つね》に子供の居場所を把握《はあく》できるようにしておきたい。それは間違《まちが》いなく娘さんを思ってのことでしょう。どのくらい一般的《いっぱんてき》なのかは分かりませんが、子供向けの携帯電話にはGPSを使った見守り機能《きのう》を搭載《とうさい》したものがあると聞いたことがあります。もしかすると、その女子学生も、幼かったころからの習慣で、ずっとGPS機能を利用しているのかもしれません。

気持ち

気になるのは、そこに信頼《しんらい》があるのかどうか、ということです。確かに、居場所が分かることは、親からすれば安心でしょう。しかし子供の成長を思って、自分が感じている不安をぐっと抑《おさ》えなければいけない瞬間《しゅんかん》があるはずです。たとえば子供が「一人で電車に乗ってみたい」と言い

ある女子学生のエピソードから、筆者がどういう点に気持ちを動かされたのかを読み取ります。

だしたとき。あるいは「一人で料理をしてみたい」とお手伝いを申し出たとき。つまり子供が「冒険《ぼうけん》」を望んだときです。そういうときは（あれに気を付《つ》けろ、これに気を付けろ、とさんざん注意したあとで）子供を信じて、「やってごらん」と背中を押《お》す。要するに「可愛《かわい》い子には旅をさせよ」の心境です。

そこでもし、「やってごらん」と言いながら子供の行動を監視《かんし》してしまったらどうでしょうか。子供は「自分は信じてもらえていない」「お父さん、お母さんは自分を一人前だと認《みと》めていない」と自信を失《な》くしてしまうのではないでしょうか。「信じられている」という気持ちが、子供が安心して新しいことに挑戦《ちょうせん》するために必要であるならば、不安な気持ちをぐっとこらえて、子供を信じるほうに賭《か》けることも必要なの**ではないか**。私自身はそんなふうに**考えてきました**。

子育ての方針についてはいろいろな考え方があるでしょう。それは本書の主題ではありません。**重要なのは**、「信頼」と「安心」がときにぶつかり合うものである、ということです。「安心」を優《ゆう》先《せん》すると、「信頼」が失われてしまう。逆《ぎゃく》に「安心」を犠牲《ぎせい》にしてでも、相手を「信頼」することがある。二つの言葉は似ているように思われますが、実は見方によっては相反するものなのです。

（伊藤亜紗「手の倫理」より）

※訝しがる…疑《うたが》わしく思う。
※GPS…人工衛星から受信した電波を利用して、現在位置を知らせるもの。

問 この文章を通じて筆者が言いたかったことは何ですか。次の文にあてはまるように、本文中の言葉を使って二十字以内で説明しなさい。（句読点はふくみません。）

親は 安心を犠牲にしてでも子供を信頼する ことが大切である。（同意可）

筆者は、親が子を監視《かんし》することに異議《いぎ》を唱《とな》えています。だから、このことわざに同調したのです。

「相反する」は「あいはんする」と読み、お互いに反対の関係であるという意味です。「安心」と「信頼」の両立はそれほど難《むずか》しいということですね。

最後の二段落にある言葉を用いて、筆者が考える「安心」と「信頼」についてまとめます。

事実（体験）〈インターネットの掲示板《けいじばん》なり、※SNSなりで、「頭が煮詰《につ》まって、原稿《げんこう》が書けない」とつぶやいてみましょう。

「その『煮詰まる』は、使い方が間違《まちが》ってますよ」

①たちまち、そんな反応が返ってくるはずです（〝その煮詰まる〟で検索《けんさく》すると、実例が多数出てきます）。発言者は、年配の人は少なく、若い世代と思われる人が中心です。

右の「煮詰まる」を誤用《ごよう》と言う人の中には、自分自身の言語感覚に照らしてそう判断《はんだん》した人もいるかもしれません。一方、単に「マスメディアが誤用と言うから誤用だ」と考えている人も多いでしょう。

平成25（2013）年度の「国語に関する世論調査《よろんちょうさ》」の報告では、「煮詰まる」は「計画が煮詰まった」のように「結論の出る状態《じょうたい》になる」の意味が本来とされ、「頭が煮詰まる」のように「考えが働かなくなる」の意味は新しいと位置づけられました。マスコミは後者を「誤用」として報道《ほうどう》しました。

慌《あわ》てて言っておくと、実は、この2つの意味は、両方とも戦後になって辞書に載《の》ったものです。どちらがより古い意味かは、実はよく分かっていません。したがって、意見 後者を軽々しく「誤用」と批判《ひはん》することはできないのです。

そもそも、ことばには多様性（場合に応じて複数の意味を表す性質）があります。たとえば、「頭に来る」には「腹《はら》が立つ」「気が変になる」などいくつかの意味があります。そのひとつを取り上げて誤用という人はいません。同様に、意見 「煮詰まる」の2つの意味のどちらかを誤用とする必要もないのです。

〈ともあれ、事実（体験）こうした「ことば批判」は（当否《とうひ》はともかく）昔は年配者の役割でした。ところが、現在では、年配者はあまり掲示板やSNSにはアクセスしません。その代わり、若い世代の人同士が、メディアなどで得《え》た知識を元に、ネット上で「誤用《ごよう》」を指摘《してき》しあっています。

こういう状況《じょうきょう》は、人々の言語生活史上、初めてのことです。

インターネットが普及《ふきゅう》する以前の社会では、個人のつぶやきが不特定多数から評価・批判されることは、まずありませんでした。個人の限られた交際範囲《はんい》では、そうむやみにことば遣《づか》いをと

「煮詰まる」ということばの実例をあげ、筆者は論を展開《てんかい》していきます。

・2つの意味のどちらかを「誤用《ごよう》」とはできない

理由1 どちらがより古い意味かよくわかっていないから

理由2 ことばには多様性があるから

「誤用」に対する社会の反応（事実）について、くわしく示しています。

がめられる、という状況は考えにくいことです。

メディアがまだ「ことばの誤用」をそれほど話題にしなかった頃、年配者は自分の言語感覚に基《もと》づいて、若い人のことば遣いに注意を与えていました。特定の語が社会的に「〇〇は誤用」と認定されるケースは少なく、人々のことばには多様性が保たれていました。

ところが、メディアの発達と共に、「〇〇は誤用」という情報が社会的に共有されるようになりました。情報がネットで一気に拡散《かくさん》する時代、年配者でなくても、相手のことばを簡単《かんたん》に「誤用認定」できるようになりました。しかも、その飛び交う情報の中には、「煮詰まる」の例のように、本当は誤用とは言えないものが多く含まれています。根拠《こんきょ》の必ずしも明らかでない誤用説が、検証を経《へ》ないままに信じられ、一人一人の発言を縛《しば》ってしまう。②人々の健全な言語生活のために、意見 これは好ましくない状況です。

ことばには「これこれの言い方だけが正しい」ということはありません。少数派の言い方であっても、ある地域《ちいき》・世代などの限られた集団や場面で意思疎通《そつう》の役に立っているならば、その言い方には立派な存在理由があります。意見 どんなことばでも、※一概《いちがい》に否定することはできません。そういう基本的なことが理解されず、ことばが〇×に仕分けられるのは憂《うれ》うべきことです。

事実（体験） 〈ただ、こうした動きに反対する見方も現《あらわ》れています。むやみに人のことばを誤用扱《あつか》いする人は、ネット上で「日本語警察《けいさつ》」と批判されるようになりました。この呼び名には、［③］への抗議《こうぎ》の気持ちが表れています。〉

誰《だれ》しも、あることばに対して、個人的に正誤の判断を行う自由があります。ただ、その価値判断の基準《きじゅん》が聞きかじりのネット情報というのでは、何とも心もとない話です。意見 自分や周囲の人、親などが、これまで普通《ふつう》に使っていたことばを、問3 解答のヒント 安易に誤用として捨《す》て去るべきではありません。現在では、過去《かこ》の文学作品などがネットで簡単に検索できます。実は伝統的な表現だったと、すぐに分かる場合もあります。意見 本当に誤用かどうか、立ち止まって考える慎《しん》重《ちょう》さが**必要です。**

（飯間浩明「〝今どきの若い者〟はことば遣いにうるさすぎる」より）

※SNS…インターネット上にある、情報交換《こうかん》や交流などを行う場所。

※一概に…区別せず、同じように考えること。ひっくるめて。

現在の言語生活について、

・好ましくない状況

・憂《うれ》うべきこと

と筆者は考えています。

最終段落に、筆者の意見が集約されています。強調された文末表現から中心文を見つけましょう。

問1 ──線部①「たちまち、そんな反応が返ってくる」とありますが、筆者はこれをどのように思っていますか。最もふさわしいものを次の中から選び、記号で答えなさい。

ア マスコミは×間違った報道《ほうどう》をすることはないため、そのような反応をするのは仕方がない。

イ 若い世代だけでなく、年配の人が言語問題について×発言できる機会を増やすべきである。（書いていない）

ウ どちらの意味が正しい意味か判断しかねるので、誤用《ごよう》であると軽々しく言うべきでない。

エ その人自身の言語感覚に照らして判断しているかわからないので、×明確《めいかく》にすべきである。

ウ

問2 ──線部②「人々の健全な言語生活」とありますが、そのために筆者は何が大事だと考えていますか。本文中から二十七字で探《さが》し、そのはじめと終わりの三字をぬき出して答えなさい。（句読点もふくみます。）

本当に ～ 慎重さ

問3 ［③］にあてはまる表現を、「正誤」という言葉を用いて十五字以内で考えて答えなさい。（句読点はふくみません。）

正誤を簡単に決めつけること　（同意可）

要旨《ようし》を問う問題。最後の一文の中にあります。

「簡単《かんたん》に」「安易《あんい》に」などの語句を入れるとまとめやすいでしょう。筆者が必要だと考える「慎重《しんちょう》さ」とは反対のものです。

14 「しかし」を見つけよう

STEP 1（本編122ページ）

強調する　つなぐ　区切る　まとめる

学校の先生は、わからないことがあったらなんでも質問《しつもん》しなさい、というだろう。しかし問うということは、さしさわりのない範囲《はんい》をこえるとけっこうむずかしいことなのだ。そこでひとは、さしさわりのない範囲をこえて質問することはやめ、やがては自分がもっていた疑問《ぎもん》さえもわすれてしまう。そしておとなになったといわれる。

ところが世のなかには、うまくいえない問いを心のなかにあたためておいたまま、いつまでもわすれないひとがいる。そういうひとこそが学問をするといいのだ。とはいえ、生きることの意味、というような大問題はおそらく一生かかっても解《と》けることはないだろう。（中略）

きみたちは学校に行っているあいだは、自分がこの世のなかでどういう役に立つ人間なのかということがわからない。自分という人間はこの世のなかで必要な存在《そんざい》なのかどうかがわからない。だから、もしかしたら、いなくてもいいようなものでしかないのではないかという疑問をもつだろうし、それが、生きることにはたして意味があるかどうかという内心の問いをいっそう深刻《しんこく》なものにしてしまったりするだろう。

しかし世のなかに出て、仕事をし、結婚《けっこん》し、子どもができたりすると、しだいに自分のまわりに自分を必要とし、自分をたよりにしている人びとがいることに気づく。それがきみに、生きることの意味を教えてくれる。

はたらいて仕事をするということは、ただ金もうけのためにすることではない。仕事によってきみは世のなかとしっかりしたむすびつきをもち、他人と協力しあう関係をもち、他人に助けられるというよろこびや、他人につくすという満足感を得《え》るようになるのだ。

なぜ他人につくすことが満足感になるかといえば、きみはそこで、自分ひとりの生命よりももっともっと大きくて複雑《ふくざつ》な、家族や共同体や民族や国家や、さらには人類というつながりの生命を実感し、そのよろこびや悲しみを自分のものとして味わい、そこにも自分の生きる意味を見いだせるようになるからだ。

問
問の答え
生きることの意味につながっている

逆接《ぎゃくせつ》の前に一般論《いっぱんろん》を出し、その直後に反対の内容を書くことで、意見を強調することがあります。

〈一般論〉
質問することをやめ、疑問をわすれるにつれ、おとなになったといわれる

↔ ところが

〈意見〉
心のなかに問いをわすれないでいるひとこそ、学問をするといい

「ずっと疑問を持ち続けるのがよい」と筆者は言いたいのです。

そうなってきたとき、きみが心のなかにあたためていた問いは、生きることの意味といった一生かけても答えが見つかるとはいえそうにもない抽象的《ちゅうしょうてき》あるいは観念的なものから、もっと具体的に、いつかきっと答えが見つかりそうな、そして、その答えが見つかればとてもうれしく思えるであろうようなことがらにかわっていると思う。

学問の出発点になるもの

　自分ひとりのなやみを解くための問いではなく、もっと他人にとっても役に立つような問題にとりくみ、世のためひとのためになることによろこびを見いだせるようになると思う。

　さあ、こうして学問がほんものになってゆくのだ。学校にいるあいだは、すでに先生が知っていることを教えてもらうだけだったが、こんどは自分で問いを発して、知らないことは調べ、考え、同じことを考えているひとと知識や意見を交換《こうかん》したり議論《ぎろん》したりしてそれをまとめてゆくのだ。これが学問というものだ。

　必ずしも専門《せんもん》の学者にならなくてもいい。楽しみとして、あるいは心のなかからあふれる問いに自分で調査研究を加えて答えていくアマチュア学者としてやってゆくのもいい。

（佐藤忠男「わたしの学問」より）

問　――線部「学問というもの」にむいているのは、どのような人物だと筆者は考えていますか。本文中から四十字以内で探《さが》し、そのはじめと終わりの五字をぬき出して答えなさい。（句読点もふくみます。）

うまくいえ　～　れないひと

自分の心にもち続けた「問い」が、やがて他人のためになり、自分が生きる意味を見いだすことにつながっていくと筆者は述《の》べています。

STEP 2（本編124ページ）

　なぜ僕《ぼく》たち日本人は、それほどまでに人の目が気になってしようがないのか。それには※前項《ぜんこう》で触《ふ》れた恥《はじ》を意識させるしつけが大いに関係しているわけだが、問1答え なぜそのようなしつけを行うのか、なぜ恥ということが重要になっているのかを考えていくと、関係性を生きる日本的自己《じこ》の特《とく》徴《ちょう》に行き着く。

　日本人は自己主張が苦手だと言われる。グローバル化の時代だし、もっと自己主張ができるようにならないといけないなどと言う人もいる。でも、日本人が自己主張が苦手なのには理由がある。そして、それはけっして悪いことではない。

では、アメリカ人は堂々《どうどう》と自己主張ができるのに、僕たち日本人はなぜうまく自己主張ができないのか。

それは、そもそも①日本人とアメリカ人では自己のあり方が違《ちが》っていて、コミュニケーションの法則がまったく違っているからだ。

アメリカ人にとって、コミュニケーションの最も重要な役割《やくわり》は、相手を説得《せっとく》し、自分の意見を通すことだ。お互《たが》いにそういうつもりでコミュニケーションをするため、遠慮《えんりょ》のない自己主張がぶつかり合う。お互いの意見がぶつかり合うのは日常茶飯事《にちじょうさはんじ》なため、まったく気にならない。

一方、②日本人にとって、コミュニケーションの最も重要な役割は何だろう。相手を説得して自分の意見を通すことだろうか。そうではないだろう。僕たちは、自分の意見を通そうというより前に、相手はどうしたいんだろう、どんな考えなんだろうと、相手の意向を気にする。そして、できることなら相手の期待を裏切《うらぎ》らないような方向に話をまとめたいと思う。意見が対立するようなことはできるだけ避《さ》けたい。そうでないと気まずい。

つまり、僕たち日本人にとっては、コミュニケーションの最も重要な役割は、お互いの気持ちを結びつけ、良好な場の雰囲気《ふんいき》を醸《かも》し出すことなのだ。強烈《きょうれつ》な自己主張によって相手を説き伏《ふ》せることではない。

だから自己主張の※スキルを磨《みが》かずに育つことになる。自己主張が苦手なのは当然なのだ。その代わりに相手の気持ちを察《さっ》する共感性を磨いて育つため、相手の意向や気持ちを汲《く》み取ることができる。

相手の意向を汲み取って動くというのは、僕たち日本人の行動原理といってもいい。コミュニケーションの場面だけではない。たとえば、何かを頑張《がんば》るとき、ひたすら自分のためというのが欧米式《おうべいしき》だとすると、僕たち日本人は、だれかのためという思いがわりと大きい。

親を喜ばせるため、あるいは親を悲しませないために勉強を頑張る、ピアノを頑張る。先生の期待を裏切らないためにきちんと役割を果たす。そんなところが多分にある。大人だって、監督《かんとく》のために何としても優勝《ゆうしょう》したいなんて言ったりするし、優勝すると監督の期待に応《こた》えることができてホッとしていると言ったりする。

自分の中に息づいているだれかのために頑張るのだ。もちろん自分のためでもあるのだが、自

日本人と欧米《おうべい》人の自己についての考え方を比べています。

〔日本人〕自己主張が苦手 ⟷ 〔欧米人〕自己主張が堂々とできる

筆者は、自己主張が苦手なことは悪いことではないと考えているようです。

コミュニケーションの役割に対する考え方も違います。

〔日本人〕相手の意向や気持ちを汲《く》み取る役割 ⟷ 〔欧米《おうべい》人〕相手を説得し、自分の意見を通す役割

具体例

分だけのためではない。

このような人の意向や期待を気にする日本的な心のあり方は、「他人の意向を気にするなんて自主性がない」とか「自分がない」などと批判《ひはん》されることがある。でも（筆者の意見）それは欧米的な価値観《かち》に染《そ》まった見方に過《す》ぎない。

教育心理学者の東洋《あずまひろし》は、日本の他者志向を未熟《みじゅく》とみなすのは欧米流《おうべいりゅう》であって、他者との絆《きずな》を強化し、他者との絆を自分の中に取り込んでいくのも、ひとつの発達の方向性とみなすべきではないかという。

そもそも欧米人と日本人では自己のあり方が違う。僕たち日本人が、（欧米人）率直な自己主張をぶつけ合って議論するよりも、（日本人）だれも傷つけないように気をつかい、気まずくならないように配慮《はいりょ》するのも、欧米人のように（問1答え）個を生きているのではなくて、（日本人）関係性を生きているからだ。

（榎本博明「〈自分らしさ〉って何だろう？　自分と向き合う心理学」より）

※前項…これより前の部分。
※スキル…能力。訓練などで身につけた技術。

問1　——線部①「日本人とアメリカ人では自己のあり方が違っていて」とありますが、どのように違うのですか。次の文にあてはまる言葉を本文中からそれぞれ七字で探《さが》し、ぬき出して答えなさい。（句読点はふくみません。）

日本的自己は　関係性を生きる　のに対し、
アメリカ人など欧米人は　個を生きている　という違い。

問2　——線部②「日本人にとって、コミュニケーションの最も重要な役割」とありますが、日本人にとってのコミュニケーションの最も重要な役割はどのようなことですか。（答え方）本文中から三十五字以内で探《さが》し、そのはじめと終わりの五字をぬき出して答えなさい。（句読点もふくみます。）

お互いの気　～　し出すこと

比較によって、日本人の長所と言えそうな面がわかってきました。

最後の一文は、それぞれの性質が混在《こんざい》しているので、整理しながら読みましょう。

「日本的自己」は初めの段落にあります。最終段落にも「関係性を生きている」という表現がありますが、指示された七字の方で答えます。

問3 本文の内容と合うものを次の中から選び、記号で答えなさい。

ア 相手を説得《せっとく》することが得意な×欧米人に近づけるように、日本人もスキルを磨《みが》くべきだ。

イ 日本人が自己主張が苦手なのは相手の意向に配慮《はいりょ》する結果であり、悪いことではない。

ウ 何かを頑張《がんば》るときの日本人は、だれかのためという思い×だけで自分のためではない。

エ 最近の日本人は恥《はじ》を意識させる×しつけを受けていないので、欧米的な考えの人が多い。

イ

15 「話題」の変化を見つけよう

STEP 1 （本編130ページ）

1 あなたの学校は制服《せいふく》ですか。自由服ですか。制服だったら、ちゃんと着るものは決まっていますね。たとえば、こん色のブレザーにズボンかスカート、白いシャツ、赤いネクタイかリボン、黒いくつという具合です。制服では全部決まったものを身につけなければいけません。こん色のブレザーとズボンを着たんだから、シャツはピンクでもいいやというわけにはいかないですね。でも、制服の場合には、決まっているものを着ればよく、自分で考えなくてすむので気が楽です。

2 自由服の私服《しふく》を着るときは、けっこう頭をつかいますね。なぜなら、自分の持っている何まいかの洋服の中から、今日はどれとどれを着ていくか、選んで組みあわせなければならないからです。その組みあわせがけっこうむずかしいですね。一つ一つは自分の好きな服でも、組みあわせたらぜんぜんおかしかったということだってあります。いくら気に入ったセーターでも、それと合うズボンがなければ、うまく着こなすことができません。センスのいい人は、一つ一つの服はそんなに変わっていないのですが、組みあわせ方がじょうずで、とてもふんい気がいいわけで、こういう人を見ると、ほんとうにうらやましくなりますね。

3 ところで 話題の変わる接続語 自由服といいますが、ほんとうになんでも自由に着ていいというわけではありません。自由服とは要《よう》するに、学校で勉強するなら勉強するのにつごうのよい服を着ることです。いくら暑いからといっても、水泳の授業がないのに水着を着て学校へ行く人はいないでしょう。学校の場合には、勉強という目的に合った服を着なさい、目的に合っていればどんな服でもいいですよ、というのが自由服の「自由」という意味なのだと思います。

4 さて、 話題の変わる接続語 目的に合わせて衣服《いふく》を選んで組みあわせるという考え方は、じつは相手に対して敬意《けいい》を表すときにも、まったく同じようにつかわれるのです。とてもえらい人に対して敬意を表すときには、とくべつの服装《ふくそう》をすることがあります。たとえば、くんしょうをもらうために天皇《てんのう》の前に出る人は、タキシードというとくべつの礼服《れいふく》を着ます。これは天皇に対する敬意を衣服

一つめ 1・2 **制服《せいふく》と自由服のちがい**

「制服」と「自由服」は何度も出てきた言葉です。

話題の変わる接続語「ところで」・「さて」に注目しましょう。

二つめ 3 **自由服とはどんなものか**

三つめ 4～5 **敬意《けいい》や身分を表す衣服**

強調する　つなぐ　区切る　まとめる

の形で表したものです。

5 大昔は身分の区別がとても複雑《ふくざつ》できびしく守られていたので、それに合わせて衣服もきびしく決まっていました。平安《へいあん》時代（七九四〜一一八五年）の貴族《きぞく》では、身分の高さによって上着は何色、その下に着るのは何色、はかまは何色というふうにキッチリ決まっていました。これは一種の制服ですね。

（浅田秀子「日本語にはどうして敬語が多いの？」より）

問 この本文を三つに分け、その二つめと三つめの始まりを1〜5の番号で答え、三つめの要点を次の文にあてはまるようにそれぞれ二字でぬき出しなさい。（句読点はふくみません。）

・二つめ　3

・三つめ　4

〈要点〉 敬意 や 身分 を表す衣服（順不同）

文章全体を通して、衣服を選ぶことに、何らかの目的や意味があるということがわかりました。

STEP 2（本編132ページ）

昨年、私は仕事の関係で中国のある地方都市に行きました。中国の経済発展《けいざいはってん》はいちじるしく、空港、道路、建物などは一〇年前と比《くら》べて見違《みちが》えるようにきれいになっていますが、空気はスモッグでどんよりとくもっていて、一九六〇年代の日本の工業都市の印象《いんしょう》と重なりました。しかし、こうした地域規模《ちいきぼ》の環境汚染《かんきょうおせん》は、経済の発展にともなって発生し、経済力が蓄積《ちくせき》されてくるにつれてしだいに問題として※顕在化《けんざいか》するというプロセスをへて、やがて解決していくでしょう。

「人間は解決できるものだけを問題にする」からです。

さて、地球規模での環境汚染の話に入りましょう。代表的なものは、大気中の二酸化炭素が増加し、地球の温度が上昇《じょうしょう》するという問題です。

まず温暖化の問題

一万年で一℃上昇した地球の温度は、現在《げんざい》では一〇年で〇・三℃のスピードで上昇し、さらに加速されています。そしてこのまま進めば二一世紀の終わりには平均気温《へいきん》が二〜五・八℃上昇すると予測されています。これはたいへんな変化です。氷河や南極の氷が融《と》けて海面が上昇し、土地を奪《うば》われ追い出される多数の環境難民《なんみん》が出るでしょう。

もっと大きな問題は気候の激変《げきへん》です。台風、ハリケーンが猛威《もうい》をふるい、洪水《こうずい》の被害《ひがい》が大きくなるでしょう。病害虫の害による食糧《しょくりょう》不足やマラリアなどの伝染病《でんせんびょう》が広がり、地球がどんどん住みにくくなっていくでしょう。

ではなぜ二酸化炭素の濃度《のうど》が上がるのでしょうか。一八世紀に人間が石炭を使いだし、さらに石油、天然ガスを使い、そこに含《ふく》まれているすべての炭素を二酸化炭素に変えて大気中に捨《す》てているからです。

ところで、人間が発生させている二酸化炭素の由来をみると、二つに大別できます。

一つは、化石燃料をエネルギー（電気、動力、熱）として利用するとき必ず排出《はいしゅつ》されるもので、これは「エネルギー由来のごみ」です。もう一つは、紙、衣類、食物、プラスチックといった有機化合物を利用したのち、ごみとして捨てたときに発生するもので、いわば「ごみ由来のごみ」です。この二つのごみは、もとをたどれば地球にある資源《しげん》です。その量は、第一の「エネルギー由来のごみ」が圧倒的《あっとうてき》に多いのですが、第二の「ごみ由来のごみ」も、日本では五％以上を占めると推定《すいてい》されます。エネルギーの利用もごみ処理《しょり》も、私たちがよりよい生活をするうえで必要なものですから、人間のよりよい「生」への欲望《よくぼう》がその正反対の「死」を招《まね》くという矛盾《むじゅん》をかかえているのです。

ここからオゾン層破壊の問題

温暖化とならぶ大きな問題が、フロンによるオゾン層《そう》の破壊《はかい》です。

フロンは人体にはまったく無害な気体ですが、これを大気中に捨てると、どこの国に住んでいようと世界中のすべての人間に取り返しのつかない悪影響《あくえいきょう》を与えてしまいます。この点で二酸化炭素と似《に》ています。

太陽から地球に放射されている電磁波《でんじは》には、生きものに有害なＸ線《エックスせん》や紫外線《しがいせん》が含まれていますが、地球をおおっているオゾン層がこれを吸収し地上を保護《ほご》してくれているのです。オゾン層が破壊されると紫外線が強くなり、これが生物の染色体《せんしょくたい》の遺伝子《いでんし》を破壊してしまいます。その結果、植物ではたとえばイネの種を蒔《ま》いても収穫《しゅうかく》ができないということが起こり、動物では奇形《きけい》が増え人間にも同じことが起こります。

フロンは身近なところでは、冷蔵庫《れいぞうこ》やエアコンに使われています。これらがごみになったとき、埋《う》め立て処分《しょぶん》や破砕《はさい》して金属を回収リサイクルするこれまでの方法では、フロンは大気中に放出

まず中国の都市の例です。

前半

地域規模の環境《かんきょう》汚染《おせん》

後半では、一都市から、地球全体に視野《しや》を広げています。

後半

地球規模の環境汚染

さらに後半は、環境汚染の原因を二点あげています。

◆後半　その①

二酸化炭素《にさんかたんそ》と温暖化《おんだんか》

「では」「ところで」という話題を変える接続語がありますが、温暖化の原因である二酸化炭素の話題が続いているので区切りません。

この段落の中に、二酸化炭素という言葉はありませんが、前の段落を受けて二酸化炭素の話をしています。

◆後半　その②

フロンとオゾン層

人間に悪影響を与えるものとして、二酸化炭素の次にオゾン層《そう》を破壊《はかい》するフロンの説明をしています。

されてしまいます。二〇〇五年に使用は全廃《ぜんぱい》されましたが、オゾン層に達するまでに二〇年くらいかかりますので、そのあいだにオゾン層のフロンは増《ふ》えつづけるでしょう。また、たとえば現在使っている冷蔵庫がごみになったとき、日本では回収が義務《ぎむ》づけられていますが、それでもフロンの一部は大気中に放出されてしまいますし、世界全体でみると回収される量のほうが少ないでしょう。

　オゾン層が回復するまでに、あと五〇年くらいは必要といわれています。

（八太昭道「ごみから地球を考える」より）

※顕在化《けんざいか》…かくれていたものがはっきりとすること。

問1　本文を二つの段落に分けたとき、後半はどこからになりますか。そのはじめの五字をぬき出して答えなさい。（句読点もふくみます。）

さ て 、 地 球

問2　**問1**で分けた後半部分をさらに二つに分け、二つめのはじめの五字をぬき出して答えなさい。（句読点もふくみます。）

温 暖 化 と な

問3　――線部「人間のよりよい『生』への欲望《よくぼう》がその正反対の『死』を招《まね》くという矛盾《むじゅん》」とありますが、どういうことですか。その内容として最もふさわしいものを次の中から選び、記号で答えなさい。

ア　ごみがもとをたどれば地球にある資源《しげん》であるように、×人間も死んだら地球にかえっていくものだということ。（述べられていない）

イ　生活をするのに必要な物を作る技術《ぎじゅつ》が、人間同士傷《きず》つけ合うような×武器の製造に使用される場合もあること。（述べられていない）

ウ　人間にとって生きるのに便利な環境を追求することが、かえって有害な悪影響《あくえいきょう》をおよぼす結果を生んだこと。

エ　×多数の環境難民が出ることがわかっているのに、二酸化炭素の発生量をおさえることができないということ。（「生」への欲望ではない）

ウ

16 オリジナル表現を見つけよう

STEP 1（本編138ページ）

カレーができる。皿にご飯を盛《も》ってカレーをかける。できあがったカレーライスを食べながら、ジャガイモやたまねぎの元の形がないと怒《おこ》る人はいないだろう。確《たし》かに素材はジャガイモやたまねぎやニンジンだけど、そのままでは料理にならない。

もちろんニュースの場合は、できるだけ素材を切り刻《きざ》んだり調味料を使ったりしないほうがいい。でもテレビの場合は時間が、そして新聞や雑誌《ざっし》の場合は文字数が、一定の量に限られている。素材をそのまま使っていては皿からはみ出してしまう。だから調理をしながら、いかに素材の味を引き出すかが問題になる。でも中には、素材の味などにあまり関心を持たずに、調味料ばかりを使う記者やディレクターがいる。確かに刺激的《しげきてき》でとりあえずは美味しいかもしれないけれど、でも素材の本当の味はどこにもない。そこにあるのは、みんながジャガイモやニンジンらしいと思う味なのだ。

「森さんはヤラセをやったことはありますか？」と時おり訊《たず》ねられる。そんなとき僕《ぼく》は、その質問をした人が、どんな意味でヤラセという言葉を使ったのかを訊《き》き返すようにしている。

事実にないことを捏造《ねつぞう》する。これがヤラセだ。その多くには、みんなから注目されるとか評判《ひょうばん》になるとかの見返りがある。ただしここまで読んでくれたなら、その判定は実は簡単《かんたん》ではないことは、あなたもわかってくれると思う。事実は確かにある。でもその事実をそのまま皿に載《の》せても食べづらい。というか皿に載らない。だからみんなが喜んで食べてくれるように調理をする。切り刻む。余分だと思えば捨《す》てる。これが演出だ。

ヤラセと演出のあいだには、とても曖昧《あいまい》で微妙《びみょう》な領域《りょういき》がある。そんなに単純《たんじゅん》な問題じゃない。でも報道《ほうどう》したりドキュメンタリーを撮《と》ったりする側についてひとつだけ言えることは、自分が現《げん》場《ば》で感じとった真実は、絶対に曲げてはならないということだ。そして同時に、この真実はあくまでも自分の真実なのだと認識《にんしき》することも大切だ。同じ現場にいたとしても、感じることは人によって違《ちが》う。

ニュースを作る過程《かてい》を、カレーライスの調理に重ねて説明しています。

オリジナル表現

比喩《ひゆ》	↔ たとえられたもの
素材	事実
皿	テレビ・新聞・雑誌などのマスメディア
調味料	世間が注目して、評判がよいもの
調理	使用するところを取捨選択《しゅしゃせんたく》すること

強調する
つなぐ
区切る
まとめる

つまり胸《むね》を張《は》らないこと。負い目を持つこと。

メディアやジャーナリズムにおいては、これがとても重要だと僕は考える。自分は決して客観的な事実など伝えていない。自分が伝えられることは、結局のところは主観的な真実なのだ。そう自覚すること。そこから出発すること。だからこそ自分が現場で感じたことを安易《あんい》に曲げたり変《か》えたりすり替えたりしないこと。

問 解答

たったひとつの真実を追究します。

こんな台詞《せりふ》を口にするメディア関係者がもしいたら、あまりその人の言うことは信用しないほうがいい。確かに台詞としてはとても格好《かっこう》いい。でもこの人は決定的な間違いをおかしている。そして自分がその間違いをおかしていることに気づいていない。

真実はひとつじゃない。事実は確かに一つ。ここに誰《だれ》かがいる。誰かが何かを言う。その言葉を聞いた誰かが何かをする。たとえばここまでは事実。でもこの事実も、どこから見るかで全然違う。つまり視点《してん》。なぜなら事実は、限りなく多面体なのだから。

（森達也「たったひとつの『真実』なんてない」より）

問 ——線部「素材の本当の味はどこにもない」とありますが、これはどういうことをたとえていますか。次の文にあてはまるように本文中から六字で探《さが》し、ぬき出して答えなさい。（句読点はふくみません。）

答え方

客観的な真実 を伝えることはできないということ。

「素材の本当の味」は、真実をたとえた表現です。それはだれの視点も入っていない「客観的《きゃっかんてき》な真実」のことです。

これと対になる語は、「主観的な真実」。

どうしてもだれかの個人的なものの見方が入ってしまうことを自覚した上で、ニュースを発信すべきだと筆者は考えています。

STEP 2 （本編140ページ）

これまで花粉症《かふんしょう》になったことがない人というのはいっぱいいるだろう。血便が出たことがある人は限られている。鼻血を出したことがない人も少しはいるのではないかと思う。けれども、お腹《なか》が痛《いた》くなったことがない人はめったにいない。

なぜか？

それは、腹痛《ふくつう》というのが正確《せいかく》には病気そのものを指す概念《がいねん》ではなくて、単なるアラームに過《す》ぎないからである。

病気や平気のことを考えるとき、ぼくらはまず、どこが痛いとか苦しいとかいう症状《しょうじょう》を思い浮《う》かべる。しかし痛いとか苦しいという現象イコール病気ではない。

例え話で説明しよう。※ルパン三世とかキッドのような怪盗《かいとう》が侵入《しんにゅう》する美術館には、防犯《ぼうはん》センサーが取り付《つ》けられている。センサーが侵入者に反応するとアラームが鳴り響《ひび》く。アラームは、宝石を入れるケースが破壊《はかい》される前にけたたましく鳴るから意味があるのであって、すっかりお宝を奪《うば》われたあとに鳴ってもしょうがない。アラームは実害が及ぶ前に鳴り始める。これと同じで、真に病気になる前から鳴るのが「痛み」である。体にはセンサーが張《は》り巡《めぐ》らされており、病気の徴候《ちょうこう》を察知すると痛みという名のアラームが鳴り響く。

美術館にとっては宝石を盗《ぬす》まれたことこそが一大事なのであって、アラームが鳴ること自体は別に大した問題ではない（うるさいけれど）。これに対して①人体の場合は、アラーム自体がそもそも不快で、かつ重要な問題である。普通に生きて暮《く》らしている私たちにとっては、自分が病気かどうかなんてことよりも、痛いかどうか、苦しいかどうかのほうがはるかに切迫《せっぱく》した大事件だ。だからこそ痛み止めという商品が売れる。実際のところ、痛いからと言って毎回必ず病気であるとは限らない〔 ② 〕のだけれど。

ということで本項《ほんこう》では、病気を考える前にアラーム、すなわち痛みについて考えてみようと思うのだが、痛みをひと言で簡単《かんたん》に語ろうと思うとそれこそ痛い目に遭《あ》う。痛くなる部位によって痛みの持つ意味がまるで違《ちが》うし、腹痛ひとつ例に挙げても様々なのでなかなか難《むずか》しい。あきらかに軽症で放っといてよい腹痛もあれば、激烈《げきれつ》で動けなくて命に関わるような腹痛もある。仮病《けびょう》の原因《げんいん》に使われて保健室でサボるダシにされる腹痛もあれば、真の病気が隠《かく》れていて早く治療《ちりょう》しないと生命に危険《きけん》が及《およ》ぶような腹痛もある。

程度《ていど》の差。深刻さの違い。症状が激《はげ》しければ必ず重大な病気が隠《かく》れているというわけでもないから難しい。平気ではないが病気でもない、という状態はあり得るし、逆《ぎゃく》にたいして痛みは強くないけれど大きな病気の氷山の一角だったりするとやっかいだ。便秘の痛みにのたうちまわって苦しんだ人もいれば、腸管《ちょうかん》が破《やぶ》れているのに痛みが少なくて気づかなかったため重症になってしまった人というのもまれにいる。

たとえ話の書かれている段落を整理しましょう。

比喩《ひゆ》	たとえられたもの
宝石・宝	健康
アラーム	痛み・苦しみ
宝石を盗まれる 宝を奪われる	病気

② 直前の「病気であるとは限らない」を、オリジナル表現で言いかえてみましょう。

「氷山の一角」とは、表に現《あらわ》れているほんの一部のことを指します。ここでの「氷山」は重大な病気のことです。

痛みの種類をきちんと分類して、痛みの症状《しょうじょう》や原因《げんいん》を見極《みきわ》めることができれば、真に心配しなければいけない病気を反映《はんえい》した腹痛と、放っておいても大丈夫なハライタとを区別できて便利である。そもそも、なぜアラームが鳴っているのかわからない状態というのは不安だ。不安は人類が戦《たたか》うべき最強の症状であり、知恵《ちえ》はときに不安を和らげてくれる。つまり、いろいろ知っておいてはどうですか、ということだ。

オリジナル表現

そもそも③あらゆる痛みや苦しみは、本来、生命にとって必須《ひっす》の機能である。人体は何かがあると、機能としてのアラームを発する。熱いやかんに触《さわ》ったときに、痛みにも似《に》た「あっつ！」という感覚があって手を反射的にひっこめるからこそ、ヤケドを最小限に抑《おさ》えることができる。うっそうと茂《しげ》った森の中を歩いていて、飛び出ていた木のトゲが腕《うで》をチクリと刺《さ》したときに「いって！」という感覚があってスバヤク逃《に》げるからこそ、ケガを最小限に抑えることができる。もしこのとき、熱さ、痛さを感じなければ、やかんの熱は手を深々と侵《おか》して、軟部《なんぶ》組織まで焼けただれてしまうだろうし、木の枝は腕にしっかり刺さって肉を切り裂《さ》き血が大量に吹《ふ》き出るだろう。

腹痛もこれと一緒《いっしょ》だ。人体に危険を察知させ、回避《かいひ》行動を取らせるためのシグナル。アラームは一種類ではなく、痛みの原因部位によって異《こと》なるタイプの痛みが生じる。

問3 解答使用部分

（市原真「どこからが病気なの？」より）

※ルパン三世とかキッド…どちらも漫画《まんが》やアニメに登場する怪盗《かいとう》の名前。

問1 ——線部①「人体の場合は、アラーム自体がそもそも不快で、かつ重要な問題」とありますが、これはどういうことですか。次の中から最もふさわしいものを選び、記号で答えなさい。

ア 痛みや苦しみを経験していない人はおらず、×不快なことをみんなが知っていること。

イ 美術館《びじゅつかん》と違い、×アラームは必要なく、どうやって停止するかが人間の悩みであること。

ウ 人体のアラームは×人により鳴り方が異なるので、他人に理解されにくいということ。

エ 自分が病気であると診断《しんだん》されるよりも、体の不調を改善する方が大事だということ。

エ

文章中に書かれていないことは選択しないこと。

——線部①の直後に述《の》べられています。

問2 [②] にあてはまる表現として最もふさわしいものを次の中から選び、記号で答えなさい。

ア ひとつ残らず宝石《ほうせき》を奪《うば》われたかもしれない
イ まだ泥棒《どろぼう》は何も盗《ぬす》んでいないかもしれない
ウ 怪盗《かいとう》は計画を練《ね》っていただけかもしれない
エ アラームは聞こえていないのかもしれない

イ

問3 ——線部③「あらゆる痛《いた》みや苦しみは、本来、生命にとって必須《ひっす》の機能」とありますが、それはなぜですか。「痛みや苦しみは、」に続くように、本文中の言葉を使って三十字以内で説明しなさい。答え方（句読点はふくみません。）

痛みや苦しみは、

人体に危険を察知させ回避行動を取らせるために必要だから。

（同意可）

最後の段落にまとめられています。